大人メイクの第一歩

いくつになってもキレイになれる

主婦の友社

もういい年だから…。
今さらキレイになろうなんて…。

もしそんなふうに
思っているとしたら
もったいない!!

女性は誰でも、
キレイになれる力を
秘めています。

諦めさえしなければ
いくつになっても
キレイになれるんです。

年齢による変化は誰にも平等に訪れるもの。
それをポジティブにとらえ、一歩踏み出すことで
「自分らしさ」を輝かせる
ことができるのです。

あなたにも
「キレイのスイッチ」が
あることに
気づいてください。

メイクは、
スイッチを入れるための
道具にすぎません。

ファンデーションを
塗らなきゃいけない、
アイラインはキレイに
引かなきゃいけない。

そんなルールに
縛られる必要はないのです。

女性の美しくなりたいという願いは
とてつもないエネルギーに満ちています。

あなたがキレイになることは
まわりの人をも
ハッピーにする力を持っています。

さぁ！　一緒にキレイの一歩を
踏み出しましょう。

自分を信じて、
何かひとつトライしてみることで、
キレイの歯車が回りはじめます。

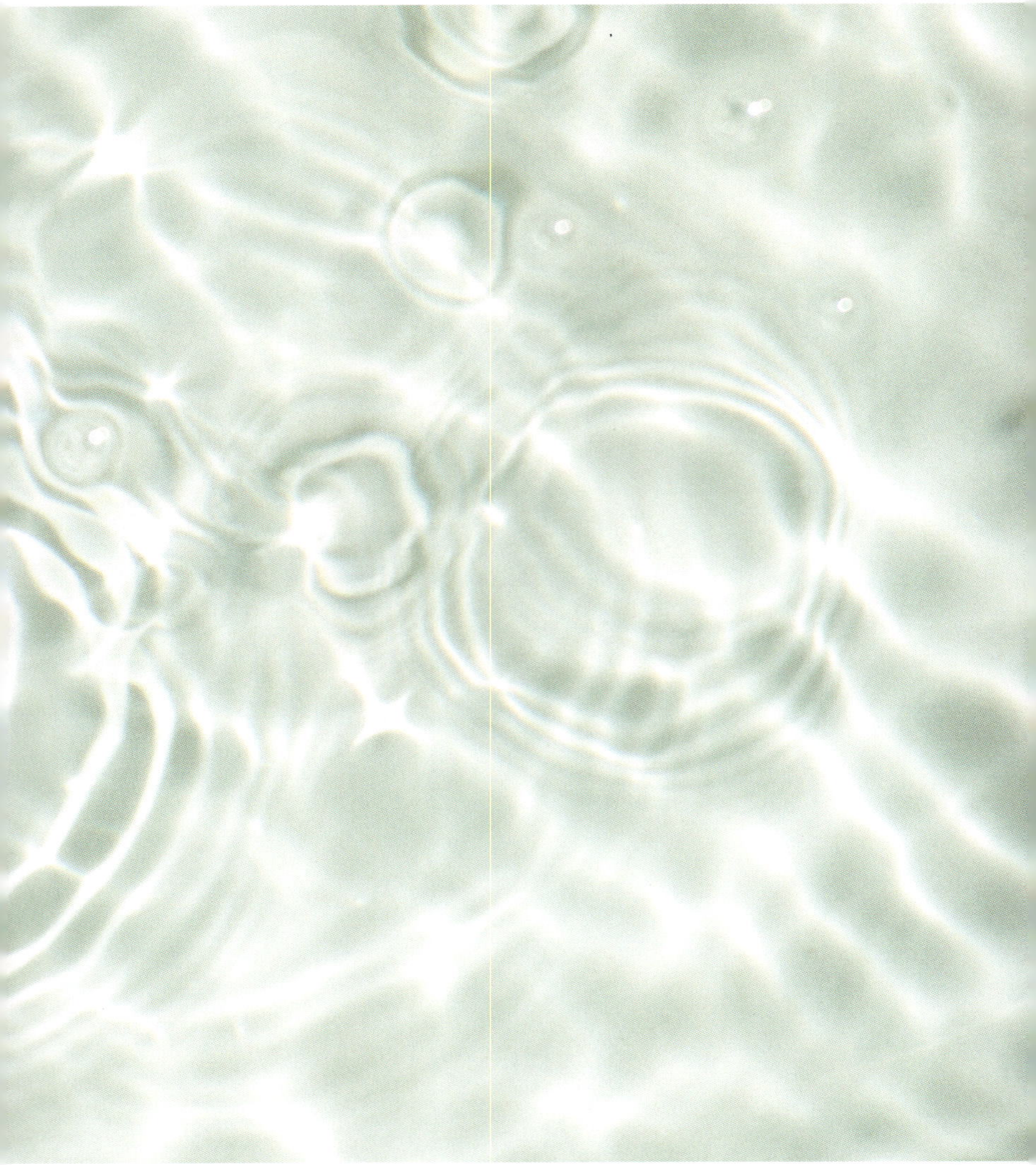

「ねばならない」という思い込みは、
今すぐリセットしてしまいましょう。

もっと自由に、
あなたらしく輝くために……！

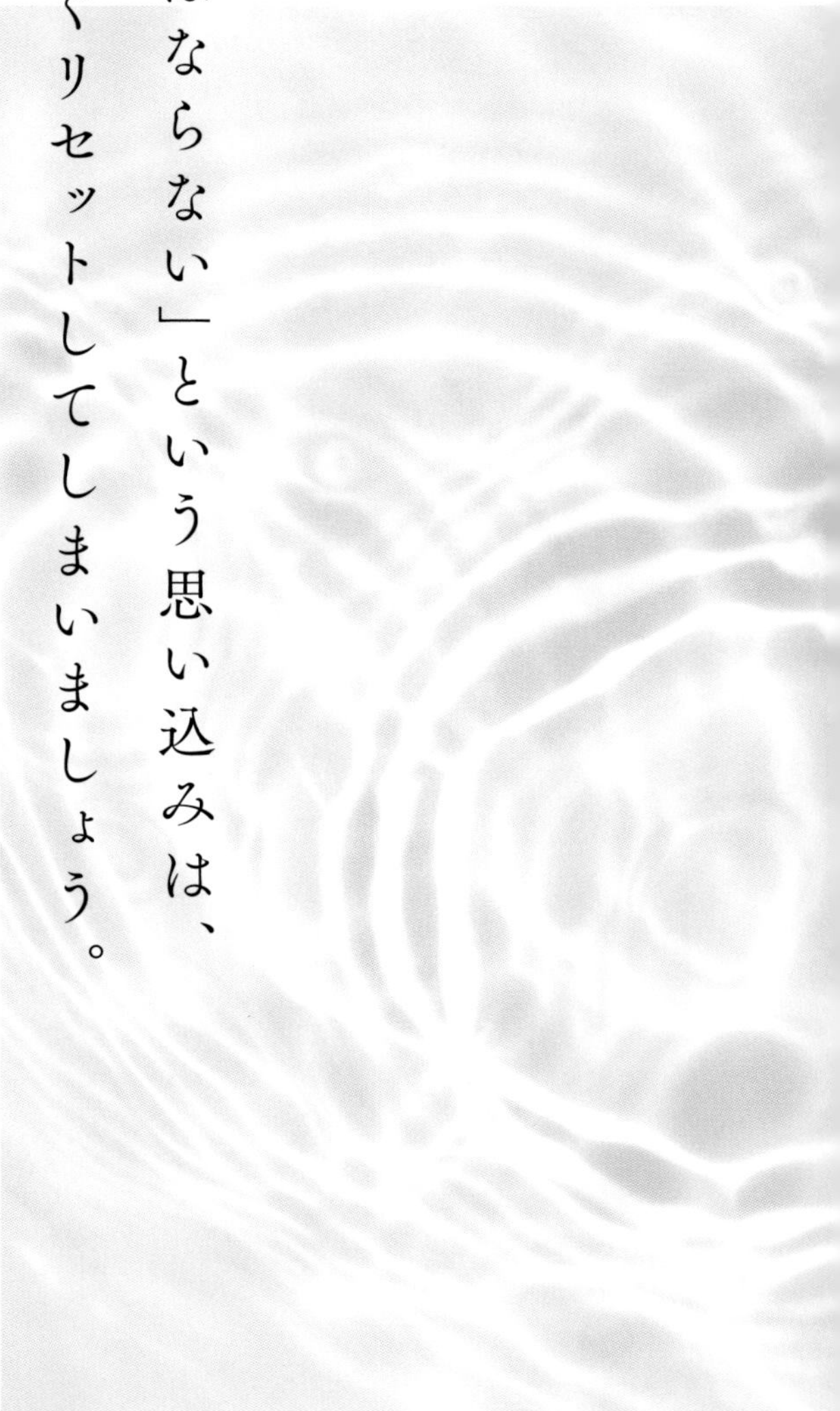

はじめに

雑誌や広告などで撮影のヘアメイクをするかたわら、数年前から行ってきたメイクレッスン。さまざまなお客様の変化を見ていて「メイクは、イキイキと人生を送るためのエネルギーになる！」ということに気づかされました。年齢も、顔立ちも関係ありません。その人らしくキレイになることで自信がつき、行動範囲が広がったり、チャレンジ精神が高まったり。メイクはその人らしさを輝かせるための道具なのだと思っています。時間もお金もかけなくても大丈夫。難しいテクニックもいりません。知らないうちにオフになっていた、キレイのスイッチさえ入ってしまえば、あとはまるで自動操縦の飛行機のよう。自然と輝きが増していきます。ほんのちょっとしたことで、誰でも、いくつになっても、必ずキレイに、元気になれることをお伝えしたくてこの本を作りました。どうか、みなさまの毎日がハッピーで満たされますように！　お役に立てれば幸いです。

メイクアップアーティスト

レイナ

いくつになってもキレイになれる　目次

こんなに変わるんです！
レイナ流 メイクで輝く！ 実例集 20

ベースメイクからリップまで、全部する必要はありません
これだけすれば、こんなに変わる！
メイクの仕上がり一挙公開 25

PART 01

あなたのキレイはまだまだこれから！

・年齢なんてコワくない！ 大切なのは「自分を信じること」 36
・年齢とともに変わった顔を受け止めて、新しい自分に合うメイクを取り入れてみる 38
・塗らない部分があってもいいのです！ 今までのメイクの常識は忘れましょう 40
・メイクは「隠すため」ではなく「魅力を引き出す」ためのもの 42
・もう少しやさしい目で鏡の中の自分を見てみる 44
・キレイになるのに遅いはない！ 「やってみようかな」がはじめどき 46
・自分がハッピーになるメイクはまわりも幸せにする 48

PART 02

スキンケア

スキンケアがメイクの
仕上がりを左右する

・肌をいたわる夜スキンケアで、翌朝の肌のベースアップがかなう 52
・「眉間→鼻→あご」の順でクレンジングすれば、肌の赤みは軽減できる 54
・大人の肌のうるおい補給は、洗顔からはじまっている 56
・化粧水後の乳液が、テカらない肌を作る 58
・赤ちゃんみたいな柔肌へと巻き戻す「お風呂クレンジング」 59
・小顔になれる「夜のひじつき30秒マッサージ」 60
・大事なのは血行。「マッサージの前準備」でメイクのりのいい肌を仕込む 64
・「やさしそう」と思われる顔を作る「朝の蝶つがいマッサージ」 66
・「舌回し体操」と「割り箸トレーニング」で印象美人に 68

PART 03

ベースメイク

塗りすぎないのが
若々しさの決め手

・目のまわりさえ明るくすれば、「肌がキレイな人」を演出できる 74
・「オレンジ下地」がくすみのない、明るい顔を作る 76
・ファンデーションは「目の下▼ゾーン」だけでいい 78
・大人のベースメイク成功のカギは「2色のコンシーラー」 80
・たるみ目を色で解消するテクニック 82
・濃いシミをなかったことにする「サンドイッチ塗り」 83
・ほうれい線を消す「ネコひげ塗り」 84

・「夕方まで元気な人」の決め手はクリームチーク 86
・リフトアップ顔を作るのは「小鼻より上」のチーク 88
・「生えぎわフェイスパウダー」で清潔感ある肌になる 90

PART 04

眉メイク

眉こそが、顔の印象を左右する

・表情やその人らしさを表すのが眉 94
・眉を仕上げれば、アイメイクも自然と上手になれる 96
・眉の生え方別、アイテム選びで失敗知らず 98
・眉尻と、眉の下辺を決めれば5割は完成！ 100
・眉の下辺だけ描けば、自然な眉になる 102
・「黒目の3分の2の太さ」が若々しい眉の決め手 104
・眉頭より眉尻を上げると5歳若く見える 106
・眉頭の色を鼻すじにのばせば、アイシャドウいらずの立体顔に 108
・若いころのアートメイクはコンシーラーでリセットできる 110
・「グレーブラウン」の眉色が若々しさアップの秘密 111
・「眉ティント」ですっぴんでも美眉がかなう 112
・眉ペンシルの「真ん中より後ろ」を持てば、ふんわり眉に 114
・利き手と逆から描きはじめると、左右対称の眉になる 115
・「眉下のベージュシャドウ」で目元の立体感をアップ 116

・描き方しだいで、左右の高低差は解消できる 118

PART 05

アイメイク

大人に必要なのはやわらかい線

・大人は「まつ毛のキワ」がパッチリ目元のカギ 122
・アイシャドウは黒目の上から塗りはじめると、若々しく 124
・好きな色でＯＫ。大人は「しっとりシャドウの指塗り」で輝く目元に 126
・鏡を見下ろすだけで目は大きくメイクできる 128
・こげ茶ペンシルの「点々アイライン」で目元が華やぐ 130
・まつ毛を増やして見せる「インサイドライン」の底力 132
・「まつ毛ギワのフェイスパウダー」でパンダ目防止 134
・アイメイクの洗練度は、「ぼかしテク」がかなえてくれる 135
・ビューラーとマスカラでまつ毛の縦幅を広げると、目が大きく見える 136
・目と目の間隔によって、アイラインの入れ方を変える 139
・まぶたをリフトアップさせる、つけまつ毛の効果 140
・「ぼかしライン」で失われた下まつ毛は再生できる 142
・大人の囲み目は、「パールベージュの光」で 144
・くすみ目を解消するのは「ベージュのアイベース」 145
・下がった目元には、「3ミリのリキッドライン」が効く 146
・お疲れ顔を払拭するのは、仕上げの「目尻コンシーラー」 147

・寝る前のまつ毛ケアで未来の目力をキープしよう 148

PART 06

リップメイク

幸せ顔のカギは
唇のふっくら感

・「ふっくら唇」が仕草や言葉も美しく引き立てる 152
・コンシーラーで口角のくすみを消しハート形の唇をめざそう 154
・リップライナーで痩せた唇をボリュームアップ 156
・誰でもキレイに見えるコーラルピンクの「舞妓塗り」 158
・「パウダーチーク」と「ハイライト」でフレッシュな小顔が完成 160
・理想の唇をかなえる「オイル」と「ティント」2大トレンドリップ 162
・小さめ唇さんはツヤ、大きめ唇さんはソフトマット 164

PART 07

ヘアケア

髪の毛が「キレイな人」の
印象を作る

・ツルツルのうるおい髪には、大人の心の余裕が表れる 168
・後頭部のボリューム感が華やかさの決め手になる 170
・正しいシャンプーで、髪のボリュームアップ！　顔のリフトアップ！ 172
・ドライヤー前のヘアオイルで、毛先がうるおうツヤツヤヘアに 174
・ぺちゃんとしてきた髪は、ドライヤー使いで立て直せる 176
・朝の頭皮マッサージで顔色アップ、目元パッチリ 178
・パックリ前髪や朝の寝グセは「根元のピンポイントぬらし」で解消 180

・豚毛ブラシで縮れた髪をまとまりやすく 181
・目元をパッチリ見せる隠しワザ「引っぱりヘア」 182
・おしゃれなまとめ髪の秘訣は「トップのつまみ出しテクニック」 184
・髪と眉、2つの額縁のバランスで自分らしいメイクに 185

REINA'S TIPS 1 お金をかけずにキレイになれる「すべらせ塗り」と「トントン塗り」 70
REINA'S TIPS 2 すべての基本は実は呼吸。吐いて気持ちを落ち着かせよう 71
REINA'S TIPS 3 考えるより感じてみる。五感が豊かな美しさの源に 87
REINA'S TIPS 4 道具は端っこ持ちがやさしいメイクに仕上がるコツ 119
REINA'S TIPS 5 体も心も冷やさない。それがキレイな人の秘密です 149
REINA'S TIPS 6 眠る前の環境作りが翌朝のキレイにつながります 165
REINA'S TIPS 7 笑顔こそ、あなたを輝かせるいちばんのメイクです！ 186

〈特別寄稿〉最高の化粧品は愛情　瀬戸内寂聴 187

おわりに 188
協力店リスト 190

こんなに
変わるんです!

レイナ流
メイクで輝く!
実例集

主宰するメイクサロンCrystallineでは、週末を中心に予約制でプライベートレッスンを行っています。毎回、レッスン前後の違いを写真で見比べるのですが、たったの2時間で、みなさんさらにキラキラ輝き、自然に笑顔がこぼれます。キレイになる楽しさを、実際に体験された方々のお声を通じてお伝えします!

1回目

Before

After

POINT
・顔のマッサージ
・チークを多めに

2回目

Before

After

POINT
・コンシーラーでメリハリアップ
・眉を太めに

N・Nさん（35歳）

メイクへの思い込みが消え、楽しめるように！

初めてのレッスンでは、化粧品への迷いや、メイクが面倒という思い込みを外すきっかけをいただきました。2回目には、自分がなりたい理想像が鮮明になり、あっという間に変貌したのがとても楽しかったです。好きという感覚で選んでうまくいくということがわかりました。「若くなった！」「キレイ！」などと言われることも頻繁になり、身近にキラキラを感じられるようになりました。

K・Mさん（40代）

自然でキレイ理想の顔に会えました！

Before

After

「こういうメイクがしたかった！」という顔にピタリとなれたのが驚きでした。また教わったマッサージは顔の輪郭が劇的に変わり、レッスンから3年ほどたつ今でも続けています。とにかく自然にキレイになれるのがレイナさんメイクの魅力です。

POINT
・マッサージでリフトアップ
・眉を内寄りに

Kさん（46歳）

大人の魅力を引き出す自然なメイクです

Before

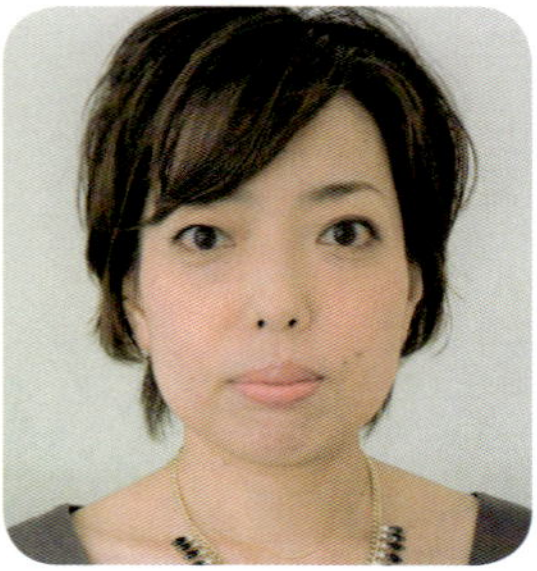

After

仕事で役職について数年たち、信頼感と女性らしさのあるメイクをしたくて伺いました。とにかくやさしく自分を扱うことを教えてもらい、日々実践しています。健康的で清潔感があり、わざとらしくないのに一本芯のある、そんなメイクが魅力です。

POINT
・マッサージで頬ほぐし
・眉と目を内寄りに

神田 萌さん（35歳）

Before

After

魅力を引き出すメイクに目からウロコでした

レッスンを受けてそれまで欠点を隠すことばかりだったメイクが、長所を生かすメイクに変わりました。ブラウン以外の色にも興味が出て、自分でも気がつかなかった個性を引き出してプラスにしてくださるので、毎シーズンレッスンを受けたいほどです！

POINT
・ベースメイクでメリハリを出す
・目元をハッキリ

大本きみこさん（51歳）

Before

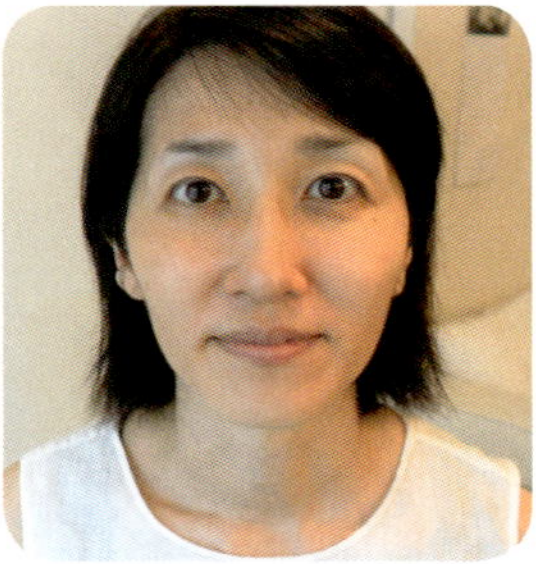

After

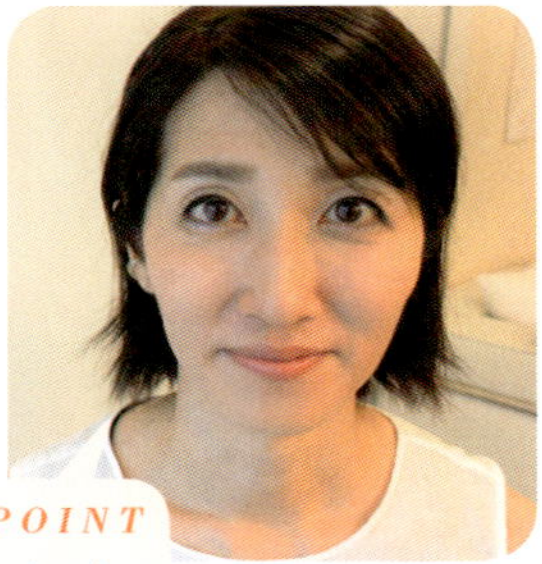

30年ぶりにメイクを楽しめました

今まで納得のいくメイクアドバイスに出会えなかったのですが、レッスンはどれも目からウロコでした。特にコンシーラーで明るく元気に見えるのが衝撃でした。教わったことをすべて毎日実践するようになり、たくさんの方に若くなったと褒められます。

POINT
・眉をふんわり太めに
・インサイドライン

ばんまいさん（50代）

気づかなかった新しい自分を発見できました

After

Before

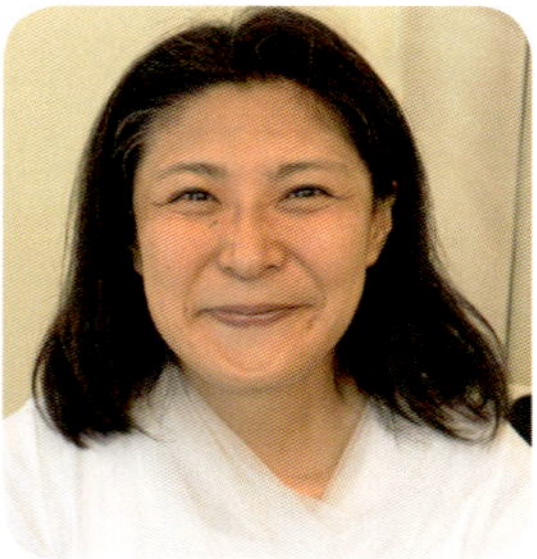

ファンデーションを全体に塗らないなど、想像より手をかけずにメイクができることにまず驚きました。また自分では選ばない色のリップを提案いただけたのも大きな収穫です。自然なのに整う、やさしく可愛らしいメイクは、魔法みたいでした。

POINT

・眉とコンシーラー

・肌色をよく見せるリップ

Oさん（38歳）

すべてが調和しなりたい印象がかないました！

After

Before

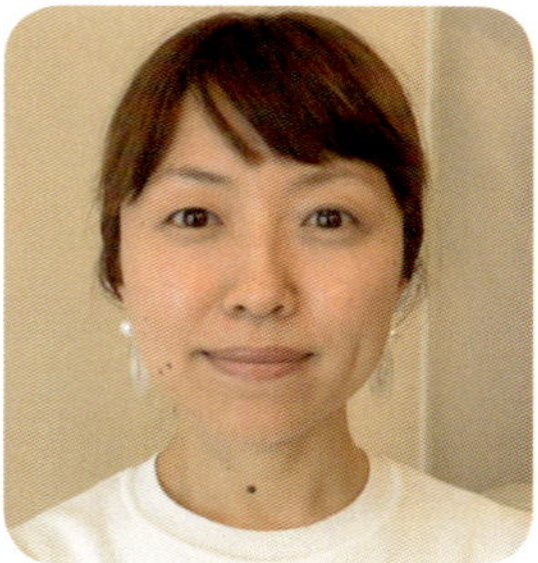

今の自分に似合うメイクが知りたいと扉をたたきました。自分のコスメも使い方しだいでこんなにバランスよく変わることに驚きました。呼吸も意識し、スキンケアやメイクで変わることを楽しめるようになり、ますますメイクが好きになりました！

POINT

・眉をふんわり太めに

・チークとリップ

ベースメイクからリップまで、
全部する必要はありません
これだけすれば、こんなに変わる！

メイクの仕上がり一挙公開

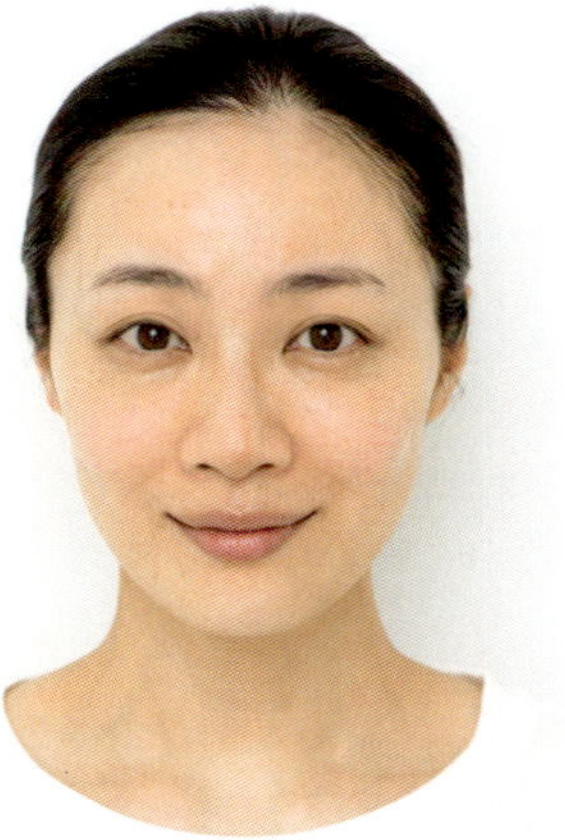

Before

メイクは、ちょっとのことの積み重ねで完成に近づきます。ここでは、その過程を一挙にご紹介しますが、面倒な日は「ここまで！」でも「これだけ！」でも大丈夫！　お伝えしたいのは、少しずつ積み上がるキレイの過程。全部しなくても十分にキレイ！　変わっていくワクワク感を、ぜひ感じてください。

01

マッサージ

メイク前のマッサージは肌の下ごしらえです。たった30秒、顔をほぐすだけで肌が明るくなり、メイクののりがよくなります。もちろん小顔効果も。

肌のすべりをよくするために使用。ムーンパール モイスチャーリッチローション Ⅱ 120ml 10,000円＋税／ミキモト コスメティックス

詳しくはP.60～

02

下地

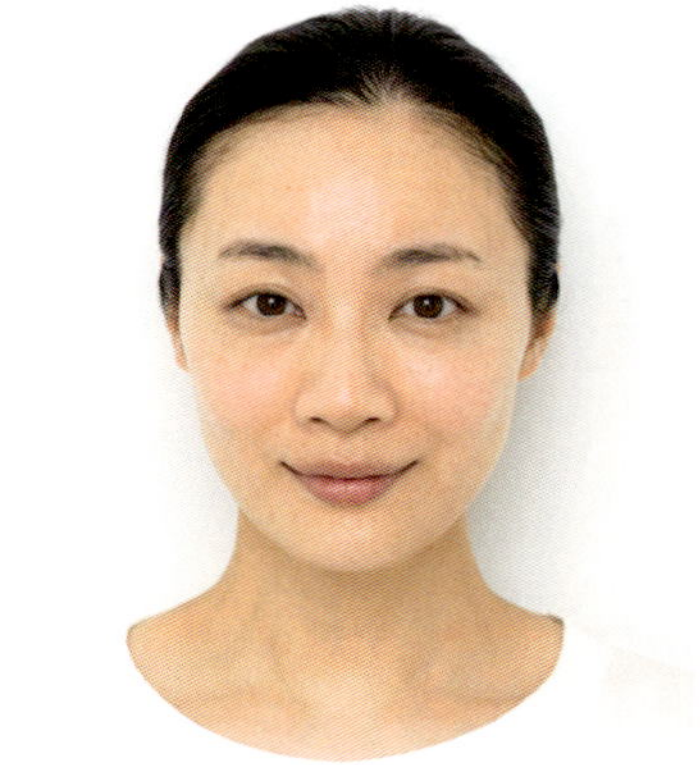

肌の凹凸や色ムラを整える化粧下地は、大人のメイクの必須アイテムです。顔色を明るく整えるオレンジ色を、顔の中心に塗ります。外側はうっすらでOK。

気になる毛穴もしっかりカバー。リファイニング プライマー SPF25・PA＋＋ 25ml 全1種 6,000円＋税／SUQQU

詳しくはP.76～

03

ファンデーション

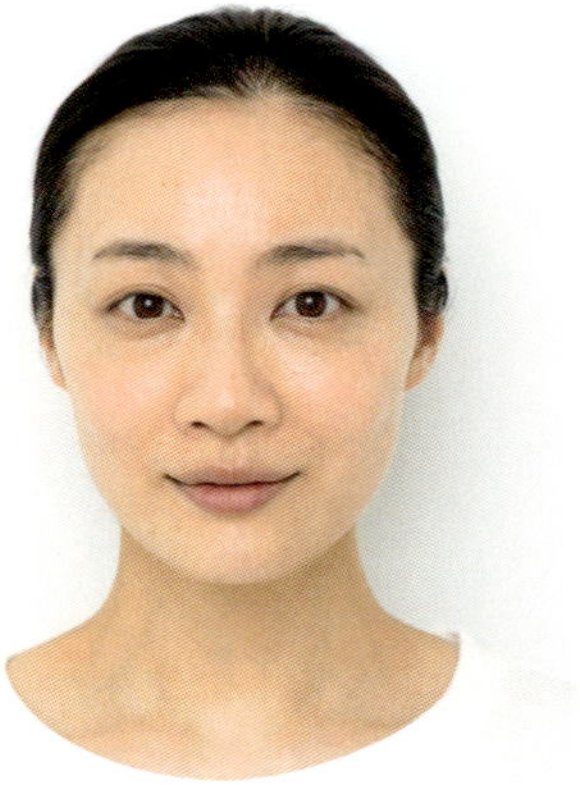

ファンデーションの役割は色ムラ補正。顔全体に塗る必要はありません。視線が集中しやすい目まわりにうっすらと、たったそれだけでこんなにキレイに。

カバーしつつも自然なツヤ肌に。アンジェリックシンバイオシスファンデーション SPF11・PA＋ 30g 全3色 5,400円＋税／THREE

詳しくはP.78～

04

オレンジコンシーラー

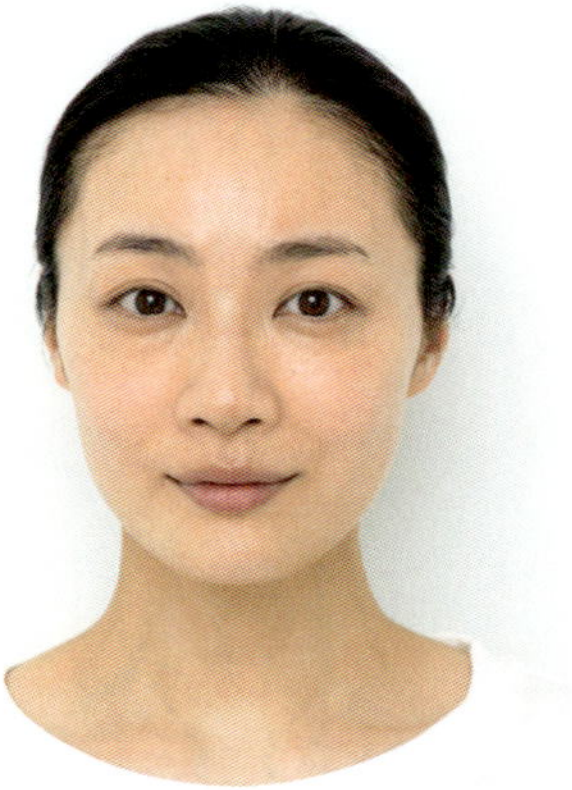

オレンジ色コンシーラーは血色感を与えます。疲れ顔や老け顔の要因になるクマやたるみによる影をもとの肌色に引き上げ、明るい印象に整えます。

ひとつは用意したいパレットタイプのコンシーラー。左を使用。アンダーアイブライトナー 全1種 3,000円＋税／ケサランパサラン

詳しくはP.80～

05

イエローコンシーラー

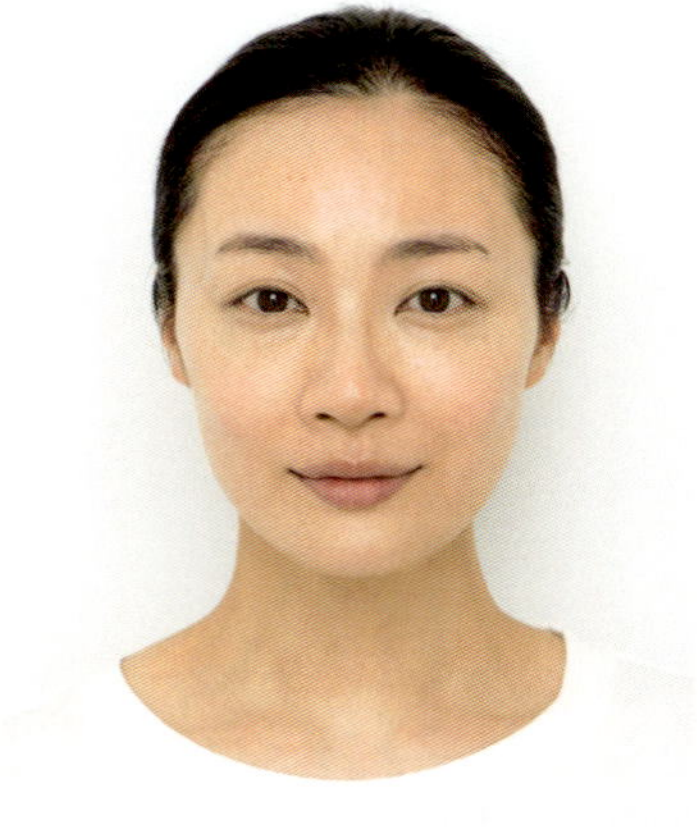

オレンジの上に今度はイエローコンシーラーを重ねます。黄色のハイライト効果で目元が明るくなり、目のパッチリ感がアップ。表情に立体感も出ます。

前ページと同じ。右を使用。アンダーアイブライトナー　全1種 3,000円＋税／ケサランパサラン

詳しくはP.80～

06

クリームチーク

健康的な肌色を夕方までキープするため、ベースメイクの一部として、コーラルピンクのクリームチークを仕込みます。自然な血色肌に。

美容成分を配合したフェミニンな色。MiMCミネラルクリーミーチーク 01 3,300円＋税／MIMC

詳しくはP.86～

07

フェイスパウダー

メイク崩れを防止するフェイスパウダーを崩れやすいパーツに薄～くのせます。全体にふんわり感が宿り、テカリのない自然なツヤ肌が完成します。

肌をサラサラに仕立ててくれる効果も。ステイ マット シアー プレストパウダー 101 3,800円＋税／クリニーク ラボラトリーズ

詳しくはP.90～

08

眉メイク

眉は顔の額縁の役割を果たします。目の丸みを意識して眉の下辺と眉山～眉尻をきちんと描くだけ。アイメイクなしでも眉が整うだけで目力が出ます。

右から、ナチュラグラッセ アイブロウペンシル 02 2,800円＋税／ネイチャーズウェイ
コントゥアリング パウダーアイブロウ BR301 4,500円＋税／コスメデコルテ

詳しくはP.94～

09

アイシャドウ

目元にニュアンスを与えるのがアイシャドウです。ナチュラルな立体感ならベージュやブラウン、可愛らしさならピンク系と、色で印象チェンジもかないます。

王道のブラウンパレット。ルナソル スキンモデリングアイズ 01 5,000円+税/カネボウ化粧品

詳しくはP.126〜

10

アイラインとマスカラ

大人の目をハッキリ見せるために大切なのがまつ毛ギワ。根元に「点々ライン」を引いて、まつ毛はしっかり上向きに。このふたつでパッチリ目に。

右から:ケイト レアフィットジェルペンシル BR-1 1,100円+税(編集部調べ)/カネボウ化粧品　ラッシュバージョンアップ 全1種 1,000円+税/エテュセ パーフェクトエクステンションマスカラ 繊細ロング ブラック 1,500円+税/ディー・アップ

詳しくはP.130〜

11

口紅

唇は女性らしさの象徴です。ふっくら感と自然なツヤが欠かせません。日本人の肌に合う、コーラルピンクのリップがまずは1本あればOKです。

細身で塗りやすいコーラルピンク。ナチュラグラッセ ルージュ モイスト 04 3,200円＋税／ネイチャーズウェイ

詳しくはP.158〜

12

パウダーチークとハイライト

どんなメイクもひとつにまとまる魔法のステップがパウダーチークです。仕上げにハイライトもプラスすることでより透明感と立体感のある顔に。

右から:キッカ フローレスグロウ フラッシュブラッシュ パウダー 01 5,000円＋税(セット価格)／カネボウ化粧品 マイファンスィー アクアファンデーション イルミネーター IL00 2,250円＋税／Koh Gen Do 江原道

詳しくはP.160〜

13

ヘアスタイルを整えて完成

詳しくはP.168〜

髪の毛もメイクの一部。最後にきちんと整えます。大人は顔まわりと後頭部のボリュームを意識するだけで、一気に華やかで若々しい印象に仕上がります。

さあ、
大人メイク
はじめましょう！

PART 01

あなたのキレイは
まだまだこれから！

年齢なんてコワくない！
大切なのは「自分を信じること」

ヘアメイクという仕事柄、さまざまな方に日々お会いします。年上の方にもたくさんお会いしますが、若々しいなと感じる方はみなさん年齢を気にしていません。むしろ、年を重ねることをポジティブにとらえている方ばかりです。

日本はなぜか、若さこそが良いものと過剰にもてはやされてしまう傾向があるようです。ヨーロッパではマダムのほうが魅力的だと言われるように、女性は中身が伴って成熟してこそ美しいのだと、いつも思います。年齢による変化はむしろ女性としての進化なのではないでしょうか。

ですから、「40代だからこの色は似合わない」「50歳だから無難な色を……」なんて思う必要は一切ありません。むしろ、**年齢を理由にして諦めてしまったとき**

に、女性は一気に老けてしまうのだと思います。

いくつになっても女性がキレイになりたい、と思うのは自然のこと。

まずは、キレイになりたいというその気持ちを認めて、自分の可能性を信じて向き合う時間をとってみませんか。**自分と向き合う時間は、自分のいいところを見つけるチャンスです。**

とはいえ、「自分にはいいところなんて」と思う方も多いのが現実です。

私はいつも、女優さんでもモデルさんでも、レッスンに来てくださるお客様でも、その方の魅力を探してメイクをはじめます。どんな方にも「目元が素敵」とか「口が可愛らしい」とか他の方とは違うその方だけの魅力があるものです。本人にとってはコンプレックスなのかもしれませんが、それは人とは違う、あなただけの魅力になる部分なのです。どうか、自信を持ってください。

年齢とともに変わった顔を受け止めて、新しい自分に合うメイクを取り入れてみる

私自身も40代になり、日々仕事をするなかで美しく年を重ねていけるかどうかにはふたつの分かれ道があることに気づき始めました。

最初の分かれ道は、年齢による変化をしっかり受け止められるかどうか。

年齢とともに重力によりフェイスラインが下がってくるのは当たり前です。ほうれい線が出てきたり、頬が下がってきたり、なんとなく面長になってきたり……。しかも、噛みグセや食いしばりなど、長年のクセが蓄積して輪郭が大きくなったりすることも。年齢を重ねて痩せていく方もいれば、むくみやすくなる方もいます。特にこのような変化は、40歳前後から出てきます。どんなに美しい女優さんやモデルさんにも、同じように老化はやってきます。ただ、そうして年齢

による変化が訪れたとき、諦めずにしっかり向き合って新たな方法を模索することがキレイのファーストステップだと思うのです。

そして**もうひとつの分かれ道が、その方法を実践するかしないか。**せっかく方法を知っても実践する方としない方とでは、進む道は変わってきます。仕事で多くの先輩にお会いしますが、魅力的な方々はみなさん好奇心が旺盛です。「初めてだけどやってみよう！」「わからないけど楽しそうだから！」そんな気持ちを持ち続けていらっしゃいます。

キレイになることだって同じです。顔の変化を受け入れること、そして諦めるのではなく、楽しみながら新しい方法に挑戦してみること。もし合わなければ、やめればいいだけですもの。せっかくご縁があってこの本を手にしてくださったのですから、まずはだまされたと思って何かひとつ試してみてください。心配はいりません。失敗を恐れず、トライすることで必ずキレイははじまります。

塗らない部分があってもいいのです！
今までのメイクの常識は忘れましょう

メイクが苦手——そんなふうに感じている方たちには、「思い込み」という共通の敵がいます。本当は、**メイクには「しなくちゃいけない」なんてことはひとつもないのです。**

フェイスラインにファンデーションは必要ありません。アイラインは、線である必要はありません。なんとなく線に見えれば十分です。もちろん、時間もお金もかける必要だってありません。

まずはその思い込みを一度まっさらにしてみましょう！　メイクはあなたを素敵に見せるための道具にすぎません。

肌がキレイなら日焼け止めだけでもいいですし、ファンデーションだって色ムラが気になるところにだけ塗れば十分です。むしろ、ファンデーションを顔全体に塗ってしまうと、素顔よりも余計に顔が平面的で大きく見えてしまうもの。笑って高くなった位置に入れたチークも、顔にコリがある場合はかえって顔を下げて見せてしまうことも。ですから、**今まで思い込んできたメイクの「ねばならない」はいちど忘れてしまいましょう。**

本来、メイクは簡単でシンプルなものです。その日一日を元気に、ハッピーに過ごすため、自信を持つためのスイッチです。ただ、自信を持つためには、人に褒められたりすることも大切。会う人に「イイネ！」と言われるための本当にちょっとしたコツがあるのです。これからそのコツをお伝えしていきましょう。ぜひ実践してみてください。毎日楽しみながらするうちに、自然とあなたの行動範囲を広げるきっかけになり、知らないうちに自信につながっていきます。

メイクは「隠すため」ではなく「魅力を引き出す」ためのもの

メイクというとつい、カバーするものと思ってしまいがちですが、**大人になるほどベースメイクはシンプルに、薄くしていくほうが素敵です。**薄づきメイクは持ちがよくなりますし、崩れるときもキレイに変化します。逆に、厚塗りメイクは崩れるのも早く、老けて見える原因にもなります。必要以上に盛りすぎたメイクは、もはや、あなたらしさを失ってしまい、まわりには「近寄りにくい人」というイメージを与えてしまいます。また、シミなどは隠しすぎると余計に目立って見えてくるものです。

気になるシミやクマはひとまず置いておいて、ご自身のキレイを引き出すメイクを心がけてみてください。

そのために**大切なのが、マッサージや下地など、肌のコンディションを整えるための下ごしらえです。**肌色が明るく透明感が出れば、ファンデーションは薄づきですみますし、目がパッチリと開けばアイメイクで無理に目力をつけなくても十分魅力的に見えてきます。肌の血色やツヤなど、素材が持つ潜在能力を引き出してあげれば、メイクは薄くシンプルで十分なのです。

大人のメイクは、下ごしらえからスタートします。

そのときに**忘れないでいただきたいのが、鏡を通してしっかり肌や顔と向き合うこと。**「目元が下がってきたから、頭皮をしっかりマッサージしよう」「肌がくすんでいるからチークを少し多めにつけよう」、そうやって料理の味見をするように、毎日のメイクやお手入れを、少しずつ変化させてみてください。塗ることだけがメイクではありません。自分と向き合ってちょっとずつ変化させること。それがゆとりのある、大人の美しさへとつながるのではないでしょうか。

もう少しやさしい目で鏡の中の自分を見てみる

「なんだか最初よりいい感じ！」
「若く見えるようになった」
「肌がすごくキレイ」

これは、私が行っているグループレッスンで、終了後に参加者のみなさんがお互いの印象について話し合う際によく耳にするフレーズです。

みなさん、初対面にもかかわらず、他の方の変化やキレイなところを見つけるのはすごく上手です。けれども、いざご自分のいいところは？と尋ねると、「いや……」と口ごもってしまいます。みんな、自分には厳しすぎるのです。

せっかく「キレイになりたい！」と一歩を踏み出したのであれば、自分で自分の好きなところをどんどん見つけていきましょう。自分で見つけるのが難しければ、過去に褒められたことを思い出してください。もしくは鏡を見て、「鏡の中のこの人は……」と、自分を客観的に見てみましょう。「意外と肌がキレイじゃない？」「まつ毛が長くて魅力的かも⁉」「唇がふっくらしていて女性らしいな」なんて、ひとつ、ふたつといいところが見つかるはずです。そしていいところが見つかったら、そこをより魅力的にすることにエネルギーをそそいでいけばいいのです。

大人に必要なのは、盛るのではなく、素敵なところを伸ばすメイクです。気になる部分は最低限のカバーにとどめ、チャームポイントの潜在能力を高めることに時間と手間をかけてあげましょう。**そのためには、鏡の中の自分と向き合い、まず自分の素敵な部分を知ることが欠かせません。**

日本では、謙遜することが美徳と言われますが、謙遜は一歩間違えると卑下することにもつながります。ぜひ自分のよさを認めてあげてください。「私なんか……」という言葉は、今すぐ捨ててしまいましょう！

キレイになるのに遅いはない！
「やってみようかな」がはじめどき

好奇心とチャレンジ精神を持ち続けていれば、女性はいくつになっても美しくてチャーミングでいられると、よく感じます。

私が、初めて瀬戸内寂聴さんのメイクをさせていただいたときのことです。大病をされたあと、久しぶりの撮影という機会でした。ご病気明けということもあり、少しでもお元気に見えるように、と「つけまつ毛をしてみませんか？」とご提案したところ、とてもうれしそうに「つけてみたい」とおっしゃってくださったのです。そして実際に、羽根のように軽い、自然なつけまつ毛をおつけしてみると、ご病気のあととは思えないくらいに表情も一層キラキラしてきたのです。

そんな寂聴さんとのご縁からも、やはり**女性はいくつになってもキレイでいるこ**

とが力になること、興味のあることはまずやってみる！という好奇心こそが、元気の源、いつまでも若々しくある秘訣なのだと教えていただきました。

メイクレッスンを受けにいらしてくださる方は、多くが30〜40代ですが、つい先日70代の方が来てくださいました。「こんな歳になってキレイになりたいなんて恥ずかしいのだけれど……」とはじめはおっしゃっていたのですが、時間がたつにつれ鏡の中のご自分の姿が変わっていくと、「私、キレイかも」と瞳や表情がイキイキと輝きはじめ、最後は自信に満ちて背すじもピン！とのばしてお帰りになりました。

年齢は数字にすぎません。けれども「アラフォーだから」「おばさんだから」と、数字や社会からの役割にとらわれている方がほとんどではないでしょうか。

私自身、40代に入りましたが、アラフォーと言われてもピンとこないし、どこか他人事のように思ってしまいます。他の方が決める枠や、他の方がイメージするあなたでいる必要なんてまったくありません。キレイへの階段は、「やってみようかな」と行動を起こしたとき、突然目の前に現れるから不思議です。

自分がハッピーになるメイクはまわりも幸せにする

元気に見えるメイクは、自分だけでなくまわりの方を安心させる効果がありま す。血色感がなかったり、肌がカサカサしていたりすると、それだけで一緒にいる方に「具合が悪いのかな？」と気を遣わせてしまうものです。そんなときこそ、ぜひメイクの力を借りて、まず見た目から、そして気持ちまでも引き上げてほしいのです。

美容の仕事に携わっていて日々実感するのが、心と体は密接に結びついている、ということです。

気持ちが沈んでいるときに、無理に元気に振る舞おうと思ってもしんどいもの。けれどもクマを隠して、チークを入れて、**肌に血色感を足すだけで、鏡の中**

の自分が元気そうに見えてくると、どんよりしていた気持ちもいつのまにか忘れたりするものです。調子があまりよくないときは、もちろんフルメイクをする必要なんてありません。チークひとつ、リップ1本でいいので、できそうなことを取り入れてみてください。ただし大切なのは、楽しみながらやってみること！

ひとつだけでもいつもと何かをチェンジしてみると、「痩せた？」「なんか今日、いつもと違うね」なんて、声が聞こえてくるはずです。自分ではよくわからない変化も、実はまわりの方のほうが敏感にキャッチしてくれます。「キレイになって何か言われないかな？」なんて不安に思う必要はありません！

褒め言葉は自信になりますし、次はコンシーラー、アイラインとひとつずつ増やしていくと、気づかないうちに以前の自分とは違う自分になっているはずです。**楽しみながらキレイになっていく方には、自然と素敵な方たちが集まってきます。**あなたが幸せそうに見えるメイクは、きっとポジティブな出会いを引き寄せるはずです。

PART

02

スキンケア

スキンケアがメイクの
仕上がりを左右する

肌をいたわる夜スキンケアで、翌朝の肌のベースアップがかなう

大人のメイクは、素材を生かすためのメイクです。肌の状態が悪いと、せっかくのメイクも隠すことしかできずに、魅力を引き出すところまではたどり着けません。**大人にとって夜のスキンケアは、次の日を一日豊かに過ごすための下ごしらえの時間**だと思っていただきたいのです。

肌は夜、眠っている間に細胞を修復しています。だからこそ、夜のスキンケアを効果的なものにすれば、朝の肌がコンディションよくいられます。大切なのは、いらないものを排出して、必要なものはきちんと肌に与えることです。一日過ごした肌は、肩や腰と同じようにコリ固まっているので、スキンケアをしながら顔の奥のコリをほぐしてあげましょう。眉間にシワが寄りやすい方は、眉頭の

付け根を親指の腹で押して奥のコリをほぐしましょう。食いしばりやエラ張りが気になる方は、テーブルにひじをつき、頬骨の下を手のひらの付け根で押し上げるようにしてほぐしてあげます。最初は痛いと思いますが、無理せず、痛気持ちいいくらいの力加減で毎日続けていると、同じ力加減でも、痛みが徐々になくなってくるはずです。

このときに大切なのが、鏡と向き合うこと、そして呼吸に合わせて行うことです。無意識に作業のようにせずに、肌のコンディションを手で感じながら、丁寧にお手入れしましょう。高級なクリームや美容液を使う必要はありません。ご自身が好きなものを使って、**しっかり鏡の中の自分を「意識」してお手入れするだけで、肌が持つ自然治癒力は発揮されていきます。**毎日少しずつ続けると、化粧品に頼りすぎることのない、肌本来の力が引き出せるようになっていきます。

夜のスキンケアは、頑張らなくてもいいのです。

自分をいたわるように鏡と向き合いながら、一日の疲れを癒す気持ちでマッサージすれば、肌に溜まった老廃物は勝手に排出されていきます。

「眉間→鼻→あご」の順でクレンジングすれば、肌の赤みは軽減できる

夜のスキンケアで大切なのが、一日の肌の汚れをしっかりと落とすことです。クレンジングはそのために欠かせないステップですが、洗いすぎはかえって肌のうるおいを奪いかねません。特に年齢を重ねた大人の肌は、皮脂を出す力が弱ってくるので、クレンジングをしすぎると、トラブルなどの原因にもつながります。

そこでいちばん大切なのは、洗うときの順番と使用量です。レッスンに来てくださる方にお話を伺うと、多くの方が頬から洗っています。しかし、**頬は顔のなかでも皮脂が少ないパーツです。そこから洗いはじめてしまうと、肌の弱い部分に洗浄剤が長く留まっている状態になり、余計に肌の乾燥や頬の赤みを引き起こしてしまいます。**また、使用量が少ないと、肌をゴシゴシこすってしまうことに

なり、炎症を起こすことも。
肌に負担をかけないためには、眉間→鼻まわり→あご→目元→頬→額の順番。使用量はパッケージにある規定の量よりも多め、500円玉大を目安にしてください。クレンジングの膜で肌をなでるイメージで、やさしくメイクとクレンジングをなじませます。まつ毛は指で軽く挟み、もむようにすれば専用リムーバーを使わずとも、キレイにメイクオフできるはずです。

大人の肌にオススメなのは、かためのジェルタイプのクレンジングです。

ジェルクレンジングは、オイルのような洗浄力がありつつ、ミルクのような保湿力を備えているので、この本でご紹介する日常的なメイクなら十分にオフできます。クレンジングを丁寧に行えば、1カ月ほどで、肌の赤みも気にならなくなってくるはずです。

大人の肌のうるおい補給は、洗顔からはじまっている

保湿が正しくできればメイクののりがアップします。さらに、自然なツヤが肌に宿り、メイク自体も薄づきですみます。また、薄づきのメイクは崩れにくいので、朝から夕方までキレイな肌でいられます——と、正しい保湿はキレイにとっていいことずくめ！　もちろん、目尻や口元など、顔の印象を左右しやすいシワも肌の乾燥により引き起こされるので、アンチエイジング効果もあります。それくらい、肌にとってうるおいは大切な存在です。

レッスンでみなさんの普段のスキンケアについて伺うと、洗いすぎているにもかかわらず、うるおいはしっかり与えきれていない方が多いようです。

適度な皮脂は天然の保湿成分です。10代や20代のころの習慣のまま、朝晩洗顔

フォームを使って洗顔している方がほとんどですが、年齢とともに皮脂の分泌は減っていくので、**朝などベタつきが気にならないときは、ぬるま湯洗顔で十分なことも**。すると、肌に備わっているうるおいをとりすぎることがないので、保湿不足で乾燥を感じることも減ってきます。

そのうえで、洗顔後の化粧水は、何度かに分けて重ねづけをしてあげましょう。一度化粧水を塗ってみて、肌がサラサラしていたらまだうるおいが足りていない証拠です。手でふれて吸いつくようなしっとり感を感じるくらいまで重ねてくださいね。塗るときは、必ず顔の内から外、下から上へ向かってなじませましょう。逆に手を動かすと、シミやたるみの原因になってしまいます。また、顔全体になじませたら、首やデコルテにまで広げてください。首は年齢が出やすいパーツですし、首やデコルテがうるおってツヤツヤしていると、反射板の効果で顔がキレイに見えるのです。大人はデコルテまでが顔だと思ってお手入れしてみてくださいね。

化粧水後の乳液が、テカらない肌を作る

「ベタつくから」と、化粧水でお手入れを完了している方がいらっしゃいますが、肌には水分だけでなく、適度な油分も必要です。油分が足りないと、肌は自ら油分を補おうと皮脂を過剰に分泌します。実は、それがテカリの原因になるのです。「テカるから」と感じている方も、実は肌の中はカラカラに乾いてしまっている場合がほとんどです。**せっかく入れた水分を逃がさないためにも、化粧水のあとは、乳液やクリーム、ジェルなどでうるおいに「フタ」を**しましょう。

朝はメイク崩れを防ぐためにも、肌にうっすらのせれば十分です。かわりに夜のお手入れは、多少ペタペタするくらいでも大丈夫。寝ている間に肌が自ら修復するのを促すケアになります。

赤ちゃんみたいな柔肌へと巻き戻す「お風呂クレンジング」

毎日クレンジングや洗顔で汚れを落としていても、不要な角質や汚れが毛穴の奥に溜まってしまうもの。お風呂クレンジングは、そんな肌をリセットできる簡単なディープクレンジング方法です。乾いた肌に、いつも通りクレンジングをたっぷりとなじませたら、**蒸しタオルを顔にのせて10〜20秒ほど顔をスチームして拭きとるだけ**です。お風呂でなら、浴槽でタオルをぬらして絞れば、簡易蒸しタオルが作れます。湯船につかることで血流もよくなるので、代謝もアップしますし、蒸気で毛穴が開き汚れをしっかりオフできるので、ダブル洗顔の必要もありません。肌のガサガサが気になる方は、ぜひ「お風呂クレンジング」を続けてみてください。赤ちゃんのかかとみたいなふわふわの肌に整ってきますよ。

小顔になれる「夜のひじつき30秒マッサージ」

メイクは、自分もまわりの方も元気でハッピーにするための潤滑油のようなもの。メイクをすることで自信を持てるのはもちろん、「この人と話してみたいな」「一緒にいてなんだか楽しいな」と、コミュニケーションが円滑に進むのだと思っています。そのためには、笑ったらしっかり笑顔に見え、楽しそうな気持ちがそのまま顔に表れることが大切です。けれども、普段の噛みグセだったり、表情のコリなどの積み重ねで、多くの方の顔はコリ固まっています。そのうえ、日本語は口を大きく開けて話す必要がないため、年齢を重ねると重力に負け、頬骨や口角がどうしても下がりやすくなります。すると、自分では笑っているつもりなのに笑って見えなかったり、笑顔が不自然に見えたりと、自分の魅力を最大限に

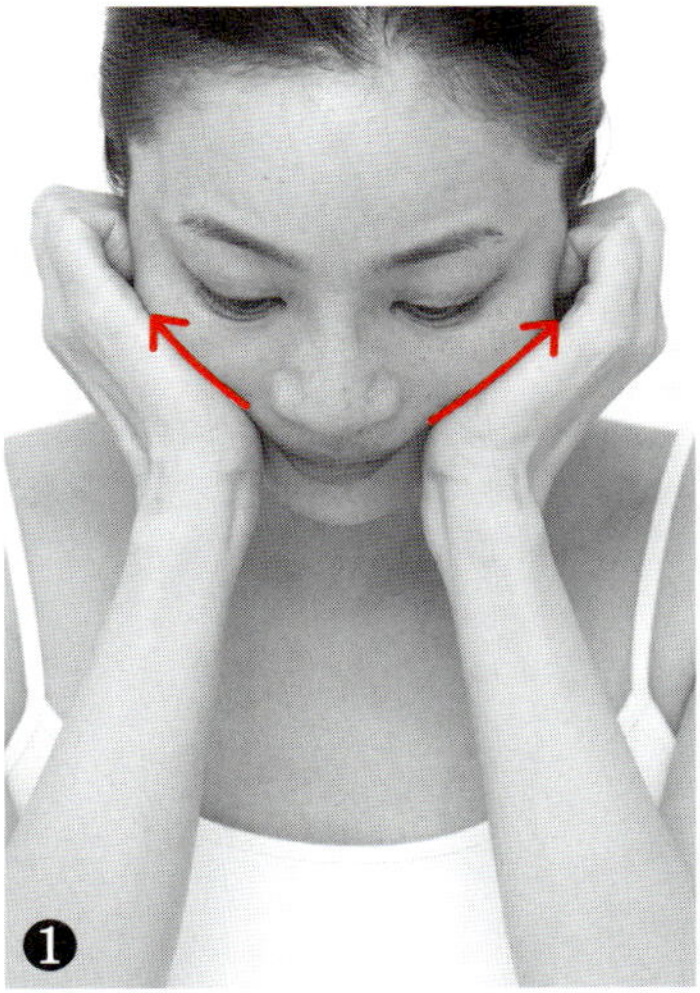

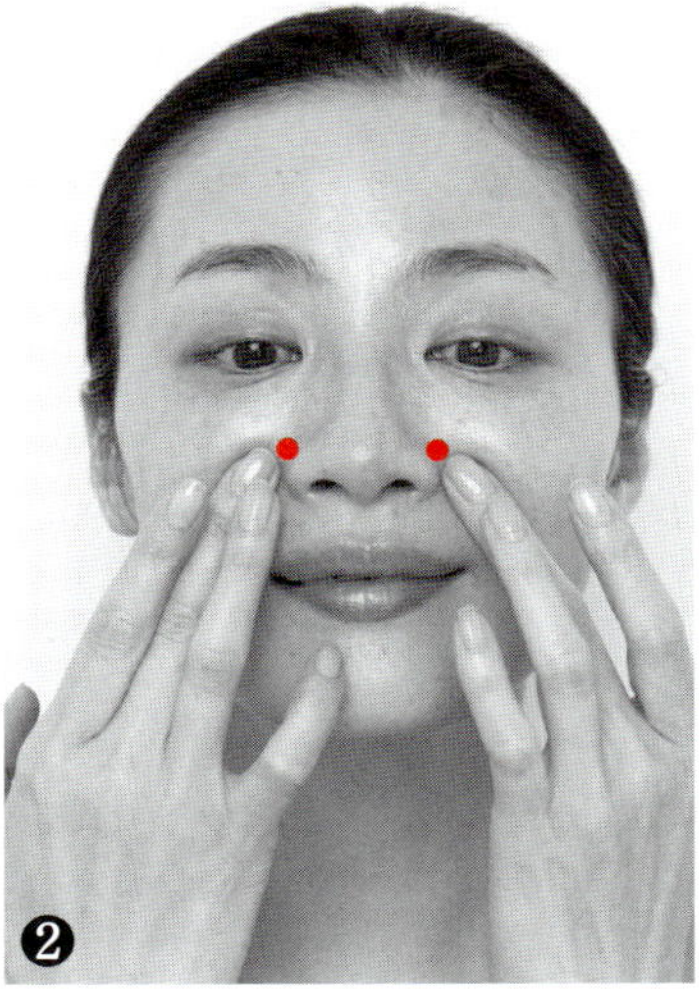

発揮できなくなってしまいます。
　そんな長年の固まった表情をほぐすのが、毎日のマッサージです。マッサージで**本来の位置に筋肉が戻ると、表情が立体的になり明るい印象に見えてきます。**また、血行も促されるので、**くすみがなくなり顔色も明るく冴えたりといいことずくめ！**
　マッサージは、乳液やクリームを塗り、肌のすべりのいい状態で行ってください。大切なのは、呼吸に合わせて、肌表面をこするのではなく、奥に圧をかけること。
　まずは手のひらの付け根を口の横

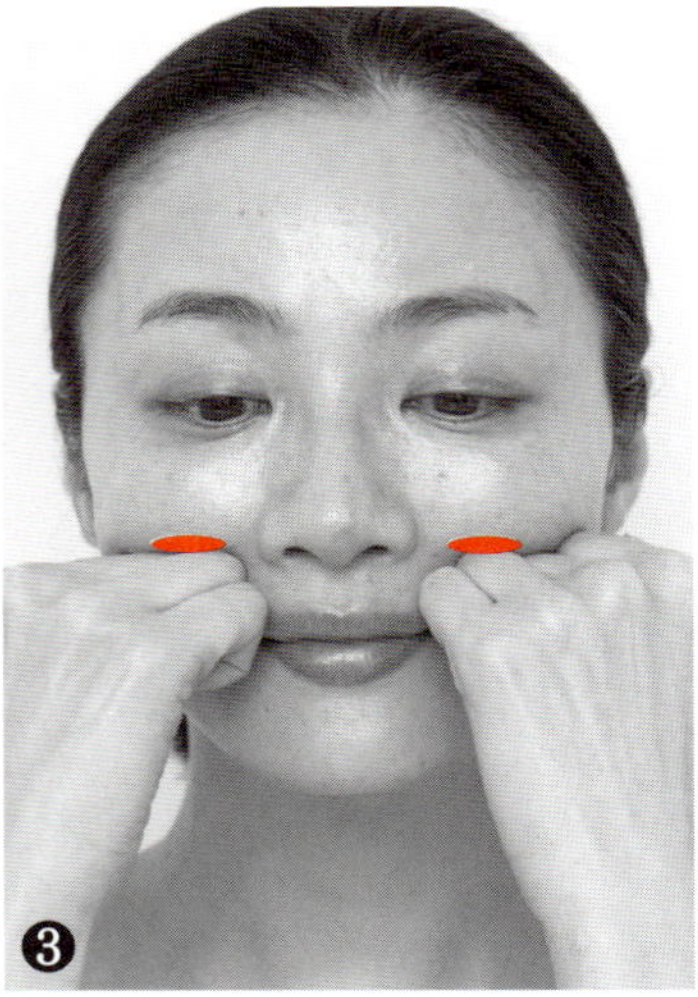

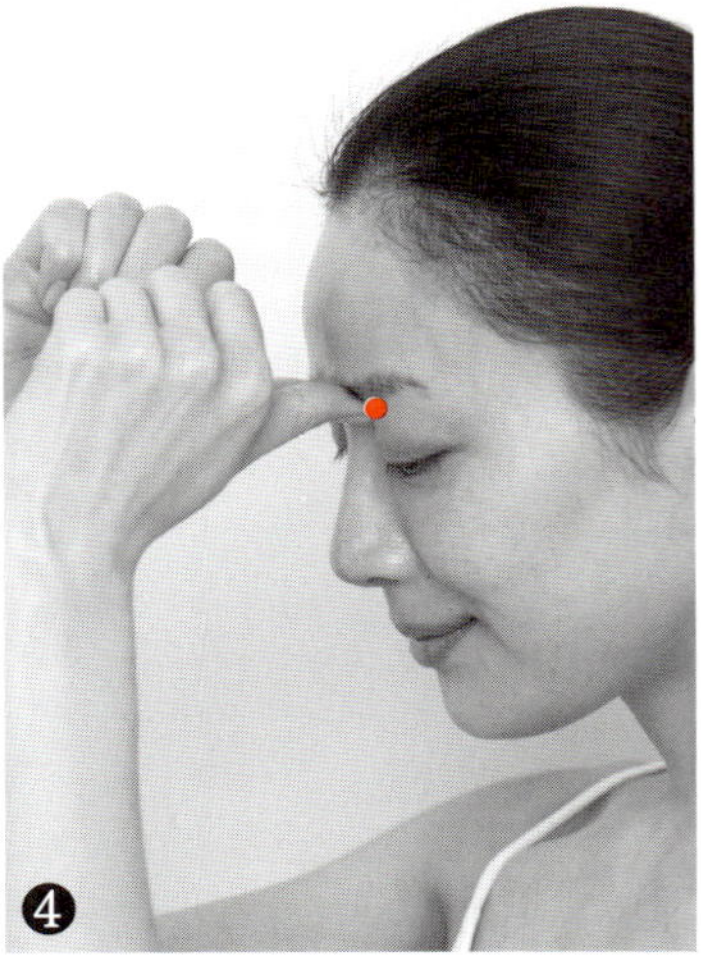

に当て、口を横に広げるように下から上に引き上げます（❶）。次に小鼻の脇のへこみを、指の腹でグッと押し、3秒プッシュ（❷）。続いて握りこぶしを作り、黒目の真下で頬骨の下を第二関節全体でプッシュを（❸）。テーブルにひじをついた状態で、顔を上下に動かせばラクに力をかけられます。今度は親指で眉頭のくぼみを3秒押し（❹）、そのまま親指と人さし指で眉をつまみ、内から外へ小刻みに数回動かします（❺）。最後に眉尻からこめかみを指の腹で軽くさすり、そのまま耳前→首→鎖

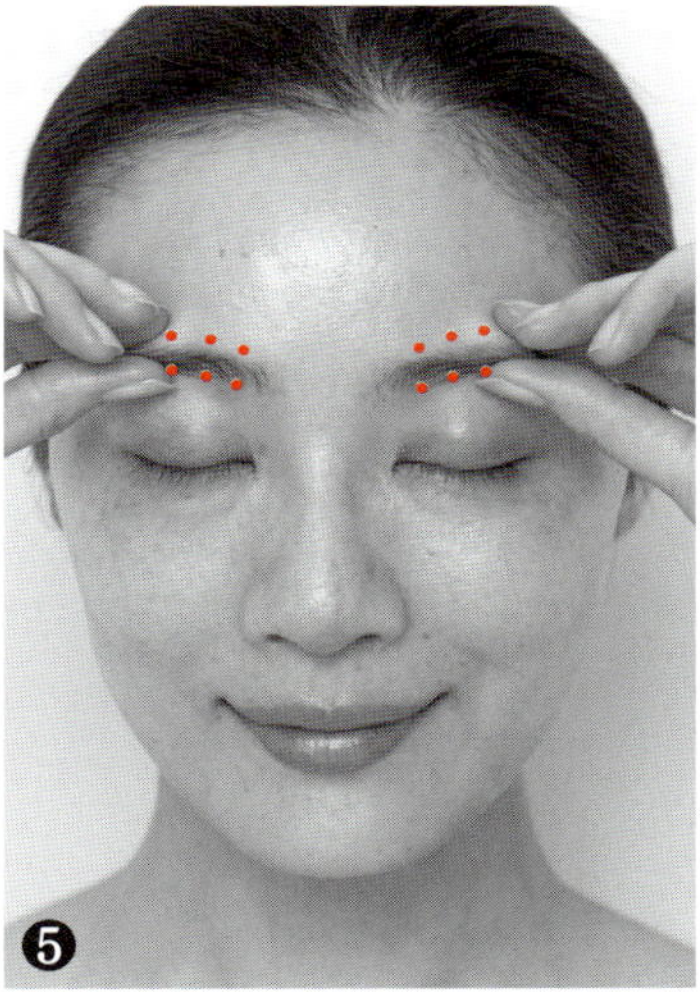

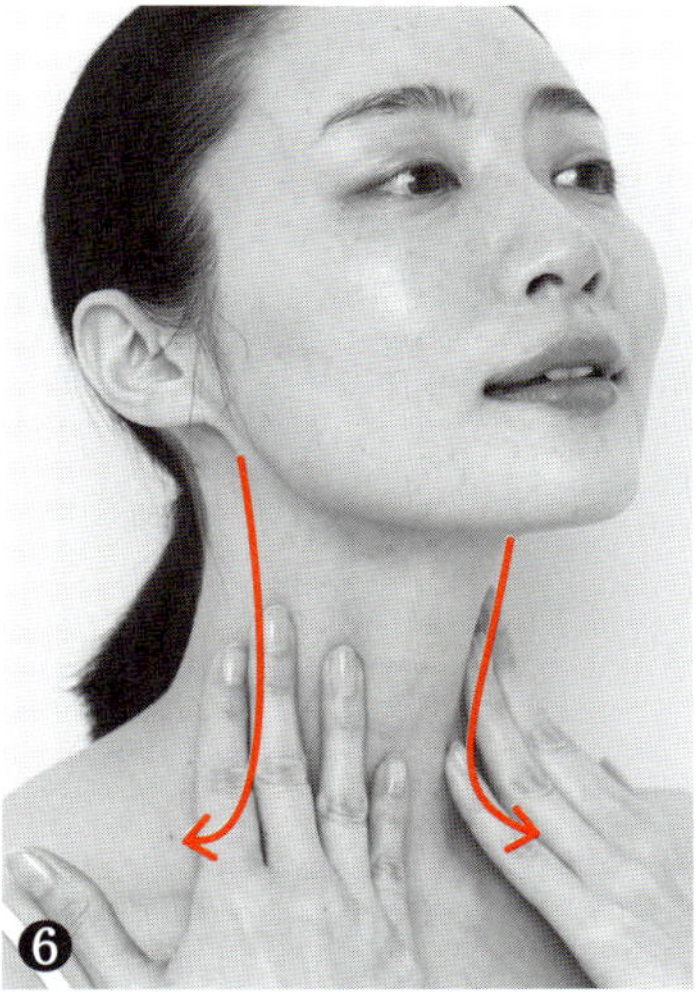

骨へと流します（❻）。
ポイントは、**押すときには必ず息を吐くこと**。肩などにムダな力が入らずに、頭の重みで圧をかけられるのでラクに行えます。実際、このマッサージをレッスンして、毎日実践してくださった方が3カ月後にいらしたときには、一瞬、同じ方とはわからないくらいにフェイスラインが締まっていました。**毎日のマッサージは、エステ以上の効果**を実感させてくれます。さあ、今夜からさっそく試してみてください！

大事なのは血行。「マッサージの前準備」でメイクのりのいい肌を仕込む

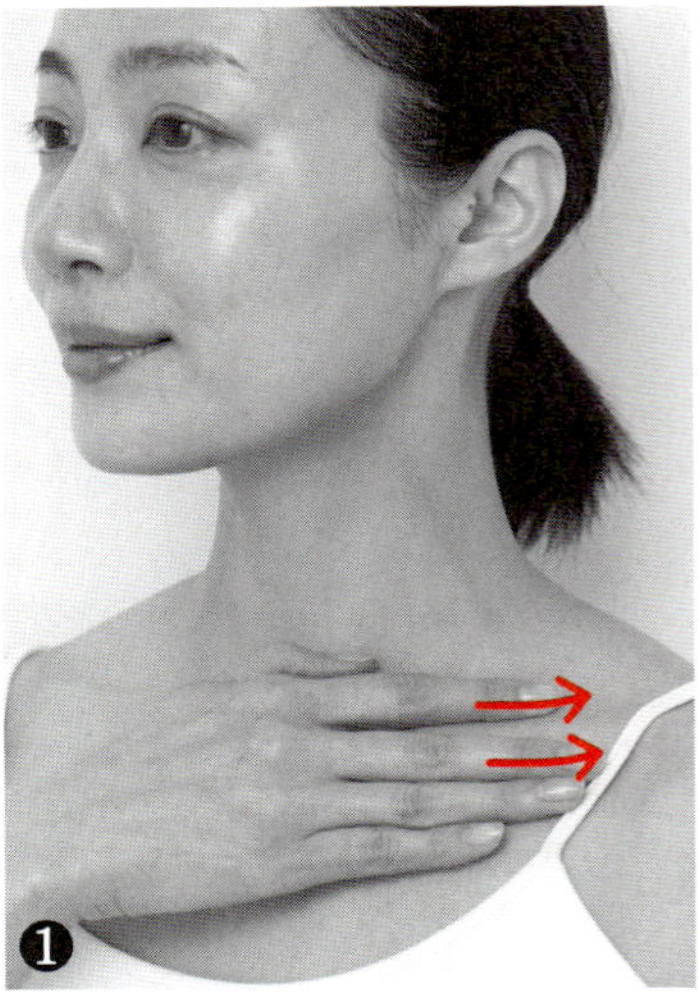

むくみなどがすっきりとし、明るく冴えたメイクのりのいい肌に整えるマッサージですが、効果を最大限に発揮するためには準備が必要です。それが、老廃物を流すための出口を開くこと。余分な水分や老廃物は、血液と並行するように流れているリンパ液にのって排出されていきます。マッサージ前には必ずこの**リ**

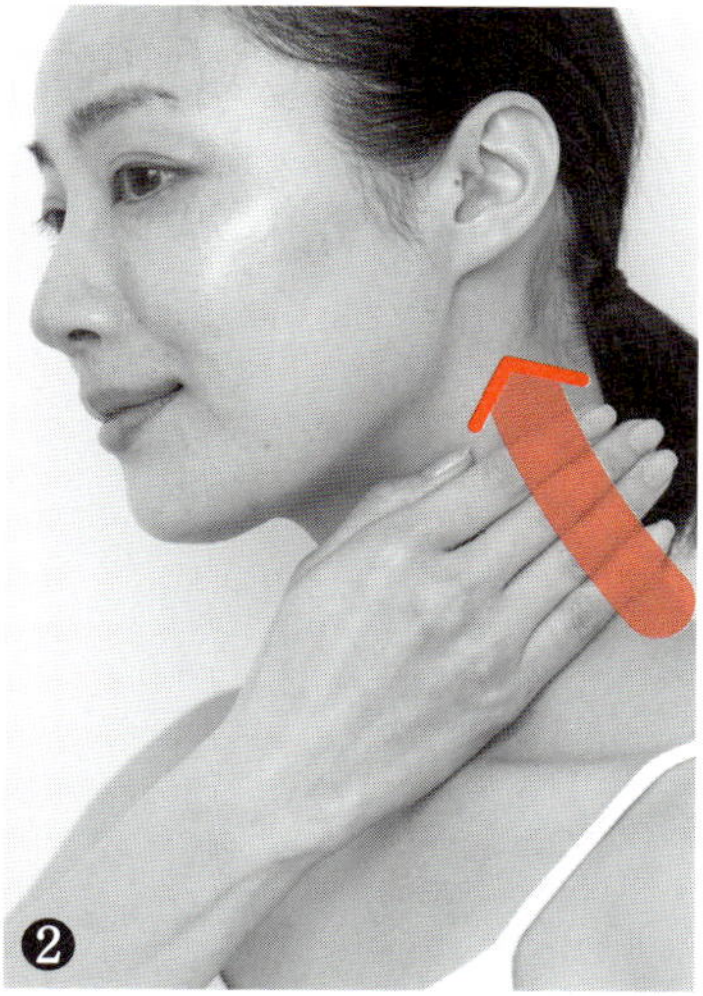

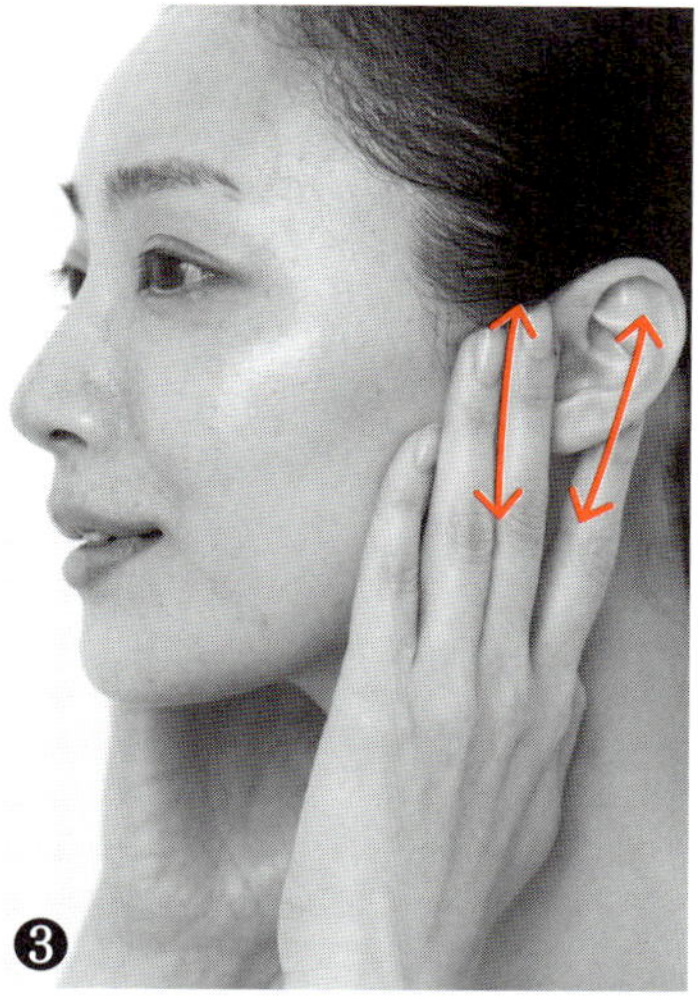

ンパ液の出口を開き、老廃物がしっかりと流れるようにしてください。

ポイントは、脇、鎖骨、首、耳と下から上へリンパの門を開くことです。まずは、脇を手でつかんでほぐし、手のひらで鎖骨を内から外へさすり（❶）、鎖骨のくぼみをプッシュします。首の後ろを下から上へさするようにし、首のスジをつかむようにしてほぐします（❷）。最後に耳を挟むようにして、両手を10回ほど上下にこすります（❸）。これを行うとマッサージの効果がより一層引き出されます。

「やさしそう」と思われる顔を作る「朝の蝶つがいマッサージ」

プロのヘアメイクと、みなさんがご自身で行うメイクとの決定的な違いのひとつは、メイク前に必ずマッサージをするということです。

そうして巡りをよくすることで、くすみが抜けて顔色がワントーン明るくなり、下地やファンデーションで肌色を隠す必要がなくなります。自然と薄づきメイクですむので、メイク崩れも防げますし、若々しい印象に仕上がります。ちょっと面倒に感じるかもしれませんが、**メイク前にマッサージをするだけで、逆にメイクの時間も手間も最小限にすることができる**のです！

特に重視したいのが、顔の下半分のマッサージです。「なんだかキレイ」「なんだか素敵」という印象を左右するのは口元です。キュッと上がった口角はハツラ

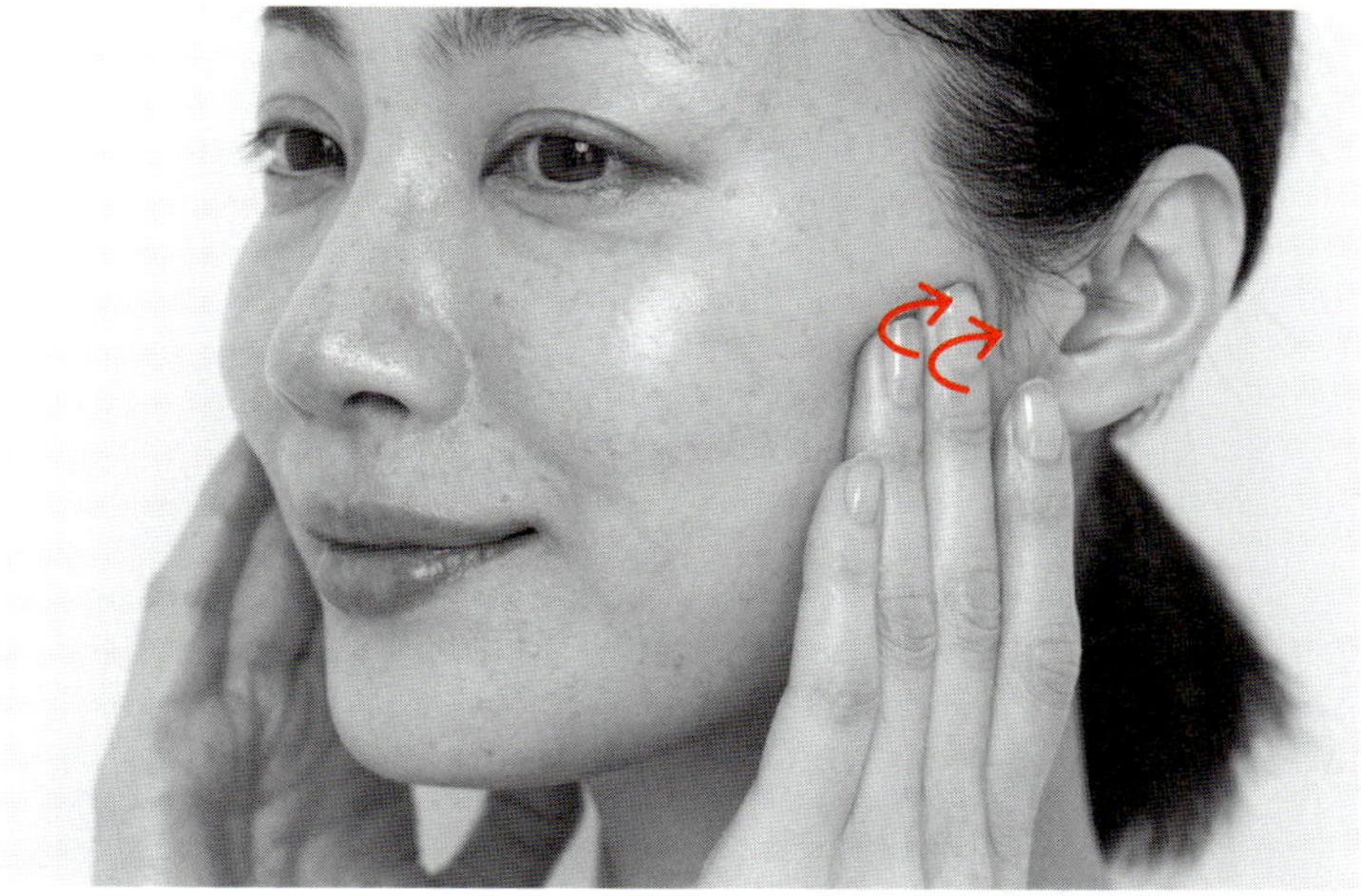

ツとした印象を与えます。笑う門には福来るですね！　ポイントは、上あごと下あごの境目の蝶つがい部分を指の腹で内から外に半円を描くように押すだけです。指の腹で行ってもいいですが、テーブルにひじをつき、グーを作って、蝶つがいをギューッと押してもOK。痛気持ちいいくらいの力加減で。寝ている間の食いしばりをほぐす効果もありますし、口が開けやすくなるので自然な笑顔が身につきます。リフトアップして、ほうれい線も薄くなりますよ！

「舌回し体操」と「割り箸トレーニング」で印象美人に

シワのなかでも最も老けた印象を与えるのがほうれい線です。

たとえば絵を描くとき、目元に横線を引いてシワを描くよりも、口元にハの字でほうれい線を描いたほうが、ずっと年齢が上に見えるものです。

ほうれい線は、主に口元の筋力低下により、皮膚が下に引っぱられることと、頬のたるみによって刻まれます。ですから、**口元のトレーニングで刻まれるシワを浅くしていけば防ぐことができるのです。** P69の右の写真のように、舌を歯茎に沿わせてグルグルと回転させるだけ。右回りに10回、左回りに10回グルグルしてみてください。気がついたときにどこでもできますし、実際にやってみると頬の内側がかなり疲れますが、効果はバツグンです。P61〜62の❶〜❸と一緒に行

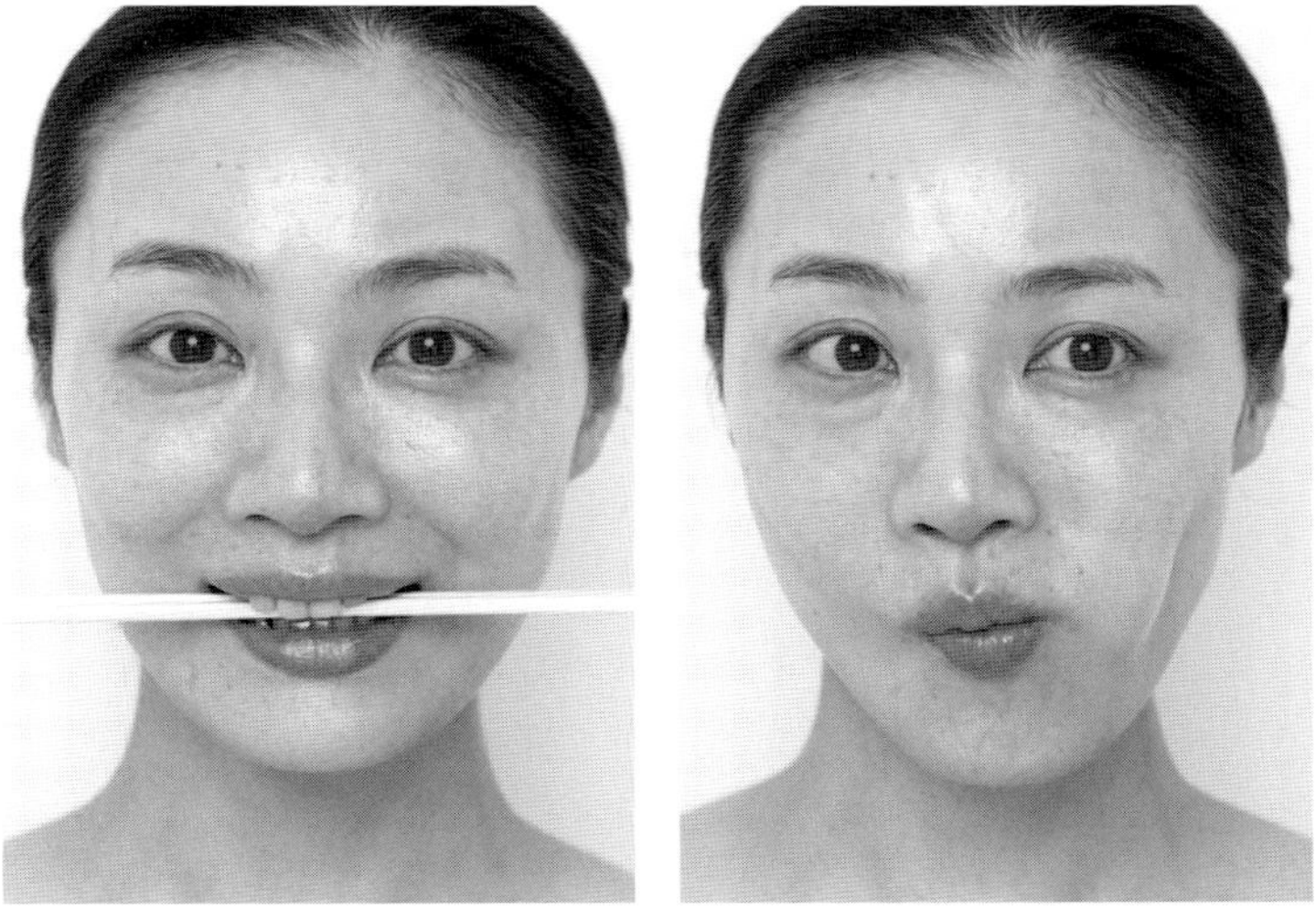

うとより効果的です。

また、フレッシュな印象作りに欠かせないキュッと**上がった口角は、「割り箸トレーニング」で手に入ります。**口角を最大限に引き上げ、ニコッと笑った状態で割り箸を奥歯で挟み、ゆっくり呼吸をしながらその状態を30秒キープします。固まっていた頬の筋肉が引き上げられ、自然と口角が引き上がります。朝、蝶つがいマッサージと一緒にメイク前に行うと、フェイスラインのリフトアップにも効果的です。

REINA'S TIPS 1

お金をかけずにキレイになれる「すべらせ塗り」と「トントン塗り」

ひとつのアイテムでも塗り方を変えるだけで仕上がりがまったく変わるものです。どんなアイテムでもすべらせるように塗ると薄くついてツヤが出て、トントンと指先でたたくようにすると、カバー力が出て発色がよくなります。ひとつのアイシャドウでも、塗り方を変えるだけで違った表情を楽しめますし、グラデーションを楽しむことだってできるのです。ですから、この本でご紹介したアイテムを全部買う必要はありません。コンシーラーがなくても、カバーしたい部分にファンデーションをトントンすれば、ちょっとのシミはカバーできます。また、道具によっても仕上がりは変わります。チップでトントン塗ればハッキリ発色し、ブラシでさっとすべらせると淡く色づきます。その中間くらいの発色なら、指塗りで表現できるのです。自然なのにメリハリのある仕上がりには、全体はすべらせて塗り、色をのせたいところ、カバーしたいところだけトントン塗りをしてみてください。大切なのは何を使うかよりも、どう使うか。たくさんのアイテムがなくても、キレイはかないます。

REINA'S TIPS 2

すべての基本は実は呼吸。吐いて気持ちを落ち着かせよう

メイクレッスンをしていると、アイラインやアイシャドウなど細かい作業の際に、集中するあまり知らないうちに息を止めてしまう方が多くいます。すると筋肉が硬直し、メイクする手つきもぎこちなく、かたい印象のメイクに仕上がってしまうことに。特に現代人は忙しかったりするあまり、気づくと呼吸が浅くなってしまっていることが多いそうです。そこで呼吸を意識しようとすると、つい吸うことに目が向きがちなのですが、実は大切なのは吐くことです。

ふう〜〜〜、とおなかの中からしっかり吐くことを意識してみてください。すると、びっくりするくらいに気持ちが落ち着いてくるものです。特にあわてていたり、細かい作業をするときほど無意識に息を止めてしまいがちです。私もバタバタしているなと思ったときには、椅子に座って呼吸に意識を向ける時間をとるようにしています。たった5分でも十分です。特にメイクは、リラックスした状態で、笑ったり、鼻歌を歌いながらすると、息を自然に吐けるので無駄な力が入らず、不思議と短時間でキレイに仕上がりますよ。

PART

03

ベースメイク

塗りすぎないのが
若々しさの決め手

目のまわりさえ明るくすれば、「肌がキレイな人」を演出できる

「肌がキレイ」に見せるには、顔全体に均一の量で塗ろうとしないことです。

こう聞くと、「え？」と思う方もいらっしゃると思いますが、自分自身が気になっているシミやシワ、肌の色ムラは、人はそれほど気にしていないものです。それよりも、他人が見て気になるのは全体の印象。

私たちは、会話をするときに目を見て話します。ですから、人の視線のほとんどは、顔の中心に集中します。そのため**目のまわりが明るく整っていれば、自然とその方の印象は、明るく映るの**です。逆に、どんなに顔全体にファンデーションを塗っていても、目のまわりが暗いままではキレイに見えません。また、気になる部分を100パーセントカバーすると、隠すことはできても、「そこを隠し

たのね」、とかえって目立ってしまうのです。そこでオススメするのが、「7割カバー」の方法です。もともと顔は立体ですが、顔全体にファンデーションを均一に塗ると、素顔よりものっぺり平面的な印象になってしまうため、7割程度のメイクで十分なのです。

メイクの基本は、絵を描くのと同じです。明るい色は飛び出して見え、暗い色は影になるので引っ込んで見えます。また、量を多く塗った部分も飛び出して見え、量を少なく塗った部分は引っ込んで見えます。——この法則を使えば、人の視線が集中し、高いほうがキレイに見える頬まわりは明るく多く塗ることで、高さを強調できますし、逆に頬骨より外の横顔部分は、量は少なく暗い色を塗ることで引っ込んで見せることができます。高く見せたい部分、**視線が集中する目まわりさえ明るくキレイなら、「肌がキレイな人」を簡単に演出できる**のです。

「オレンジ下地」がくすみのない、明るい顔を作る

ベースメイクのファーストステップは下地です。「メイクアップベース」「化粧下地」「コントロールカラー」などと書いてあるものを選んでください。「日焼け止めではダメ？」という方もいらっしゃいますが、下地は肌の色ムラや凹凸を整えたり、メイク持ちをよくするよう処方されています。最近の下地の進化はめざましく、上手に使えばファンデーションなしでも自然でキレイな肌がかないます。

大人の肌のキーカラーとなるのは「オレンジ色」。**肌のくすみを自然に明るくする魔法の色です**。このオレンジ下地を、顔の中心になじませます。

下地を手のひらに出し、指の腹にとったら目の下から外側に向かってスキンケアをする感覚で両手でやさしく塗り広げます。最初に塗った部分は、自然とたく

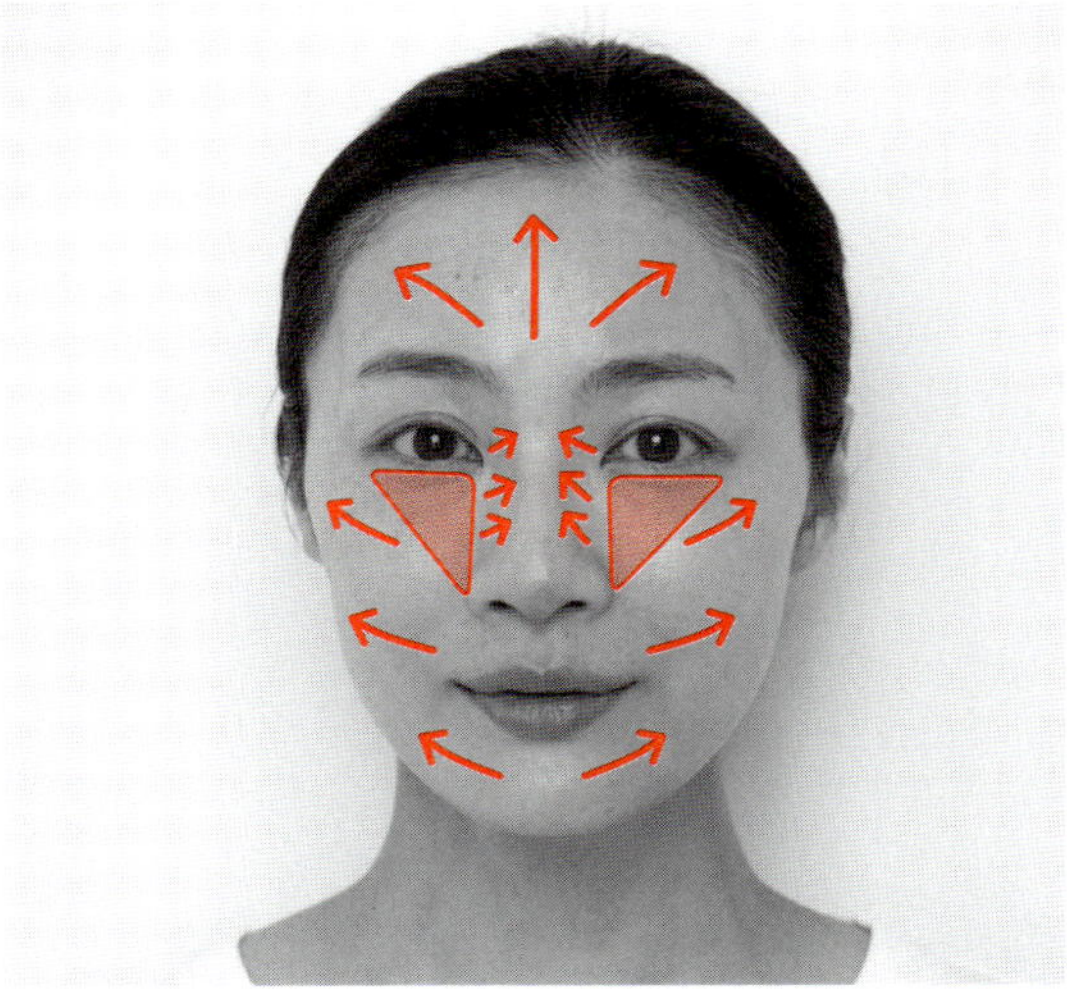

さんの量がつくので、高く見せたい黒目の下あたりから塗りはじめ、フェイスラインには薄くつく程度に。この方法で、下地だけでも立体感のある仕上がりになるのです。同じようにあご、額となじませます。額は眉間から広げ、鼻は「高くなれ」と念じながら鼻すじに向かって。毛穴の目立ちやすい小鼻はクルクルと指の腹で円を描くようになじませます。

ファンデーションは「目の下▼ゾーン」だけでいい

ファンデーションは顔全体に塗るもの――この際、その思い込みは捨ててしまいましょう！　ファンデーションの役割は、肌のトーンを整えること。つまり、**肌の色を整えたい場所だけに塗ればいいのです**。気になるシミやクマを隠すのは、このあとにご紹介するコンシーラーの仕事です。ファンデーションにもさまざまなタイプがあります。ツヤ肌に仕上げたい方や、薄づきが好みの方には、リキッドやエマルジョンタイプが向いています。ふんわりとやさしい雰囲気に見せたい方、手軽に仕上げたい方にはパウダータイプがぴったりです。特に乾燥が気になる方や、カバー力を求める場合はクリームタイプがオススメです。

ファンデーションは肌の色ムラを整えるものですから、視線が集まりやすい目

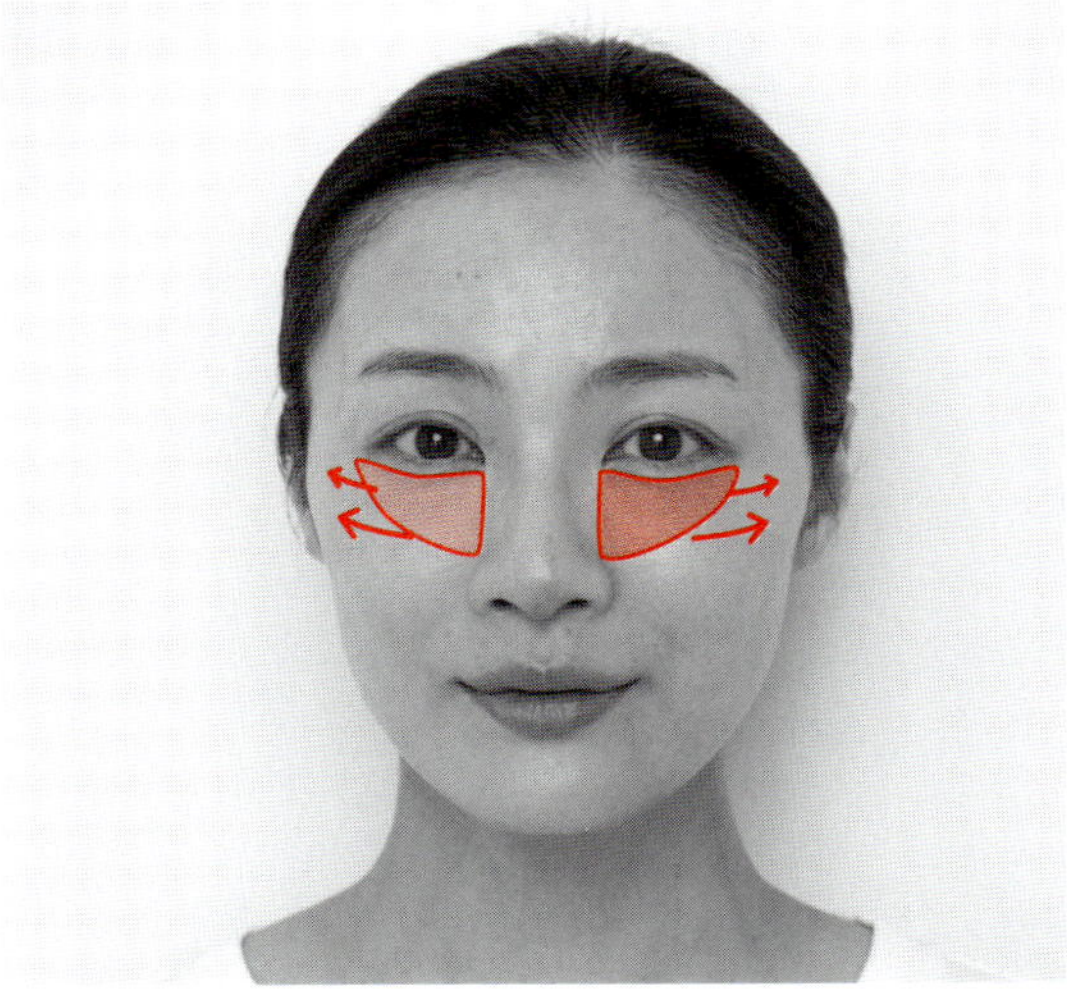

の下を中心に塗れば十分です。下地を塗った頬の部分に重ねるイメージです。リキッドやクリームの場合は、指の腹を使って、パウダーの場合はスポンジで軽く、**目の下から外へ向かって塗れば、フェイスラインは自然とうっすらとしかファンデーションはのりません。**残りで気になる部分を軽くカバーしましょう。すると、首からあごのラインが自然につながり、顔だけが白浮きすることなく、「素肌がキレイな人」が完成します。

大人のベースメイク成功のカギは「2色のコンシーラー」

ファンデーションを薄く仕上げたかわりに、大人のメイクでぜひ取り入れてほしいのが、コンシーラーです。一見難しいものに感じますが、実はとっても簡単！　味方につければ、自然なのに格段にキレイな肌が手に入るのです。選ぶときに大切なのが「色」と「かたさ」です。**オススメは、オレンジとイエローの2色、適度なやわらかさのパレットタイプ**です。オレンジ色は下地と同様に、肌に血色感を与えてくれ、一方イエローは、ハイライトのように光を集め、くすみなどを飛ばして見えなくする効果があります。

ファンデーションで整えたあと、目頭と目尻、小鼻を結んだ逆三角形のゾーンになじませましょう。まずはオレンジ色を目の下の影が目立つところに、指の腹

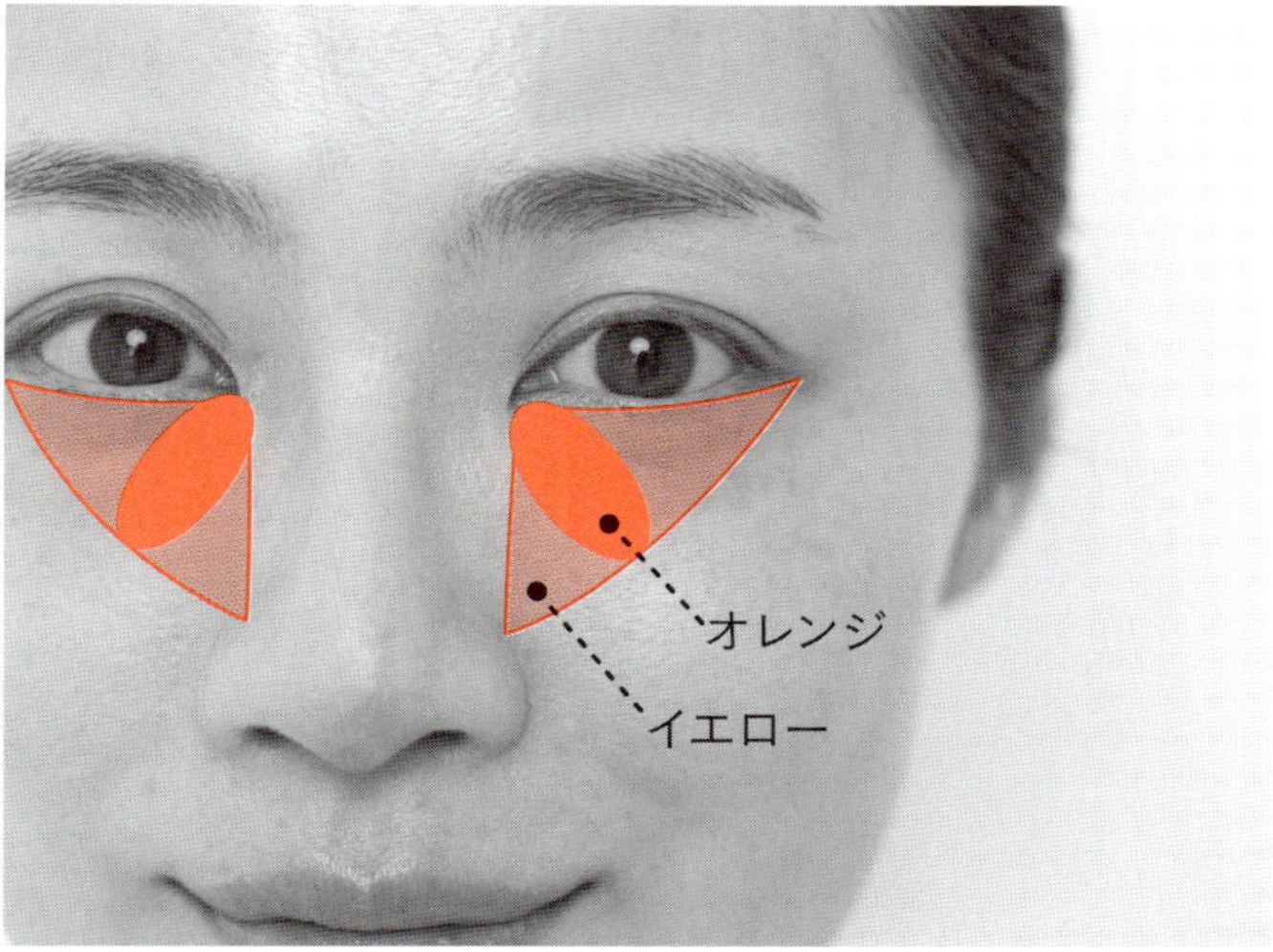

でスタンプを押すようにやさしく塗り、上からイエローを重ねます。2色の層でクマや色ムラが自然にカバーでき、目元がワントーン明るくなります。

ここまで**下地、ファンデーション、コンシーラーと目元に何層もベースメイクを重ねていますが、すべて「少量ずつ」「やさしく」薄い層をミルフィーユのように重ねていくことが大切**です。これが、会話したときの明るい印象と、遠くから見たときの自然な立体感あるメイクにつながっていくのです。

たるみ目を色で解消するテクニック

目の下の皮膚がひだのようにたるみ、影になってしまっている場合も、オレンジとイエローの2色のコンシーラーがあれば、自然にカモフラージュできます。まずは、**たるんだ皮膚の下のうっすらと影になっているところに、綿棒でオレンジ色のコンシーラーをのせます。**影をカバーするように線を引くようにのせてください。そのオレンジ色をぼかすように、指先か小さめのブラシを使い、イエローのコンシーラーをうっすらとなじませれば完了です。たるんでぷっくりとしている部分にコンシーラーをのせてしまうと、「たくさん塗ると飛び出して見える」の法則で余計に目立って見えるため、ふくらんでしまった部分には何ものせないのがポイントです。

濃いシミをなかったことにする「サンドイッチ塗り」

うっすらとしたシミならファンデーションをトントン重ねるだけで十分ですが、**濃いシミがある方は、スティック状の肌色コンシーラーがあると便利**です。

肌色コンシーラーをスティックのまま直接、隠したいシミよりひと回り大きめに塗ってカバーします。このとき大切なのが、中心は触らずに、カバーした箇所の輪郭をぼかすようにやさしく指でなじませることです。その上から、パフにとったフェイスパウダーをすべらせずに、スタンプを押すようにポンッとのせてみてください。

これでコンシーラーがピタッと密着し、気にならない程度にカモフラージュできます。

ほうれい線を消す「ネコひげ塗り」

コンシーラーは、シミや色ムラをカバーするだけのものではありません。ほうれい線だって見えなくすることが可能です。

ほうれい線を自然に消すのは、イエローのコンシーラーの得意分野です。写真のように気になる縦ジワに対して直角に横切るように、ネコのひげのような線を2〜3本入れてください。**そして、中指の腹を使い、やさしくはじくように内から外へなじませる**だけです。シワのカバーというと、ほうれい線を直接なぞって消すと思いがちですが、そうするとシワにコンシーラーが入り込んでしまい、余計目立つことになりかねません。「ネコひげ塗りで7割カバー」が、自然に見えるコツです。

PART 03

ベースメイク

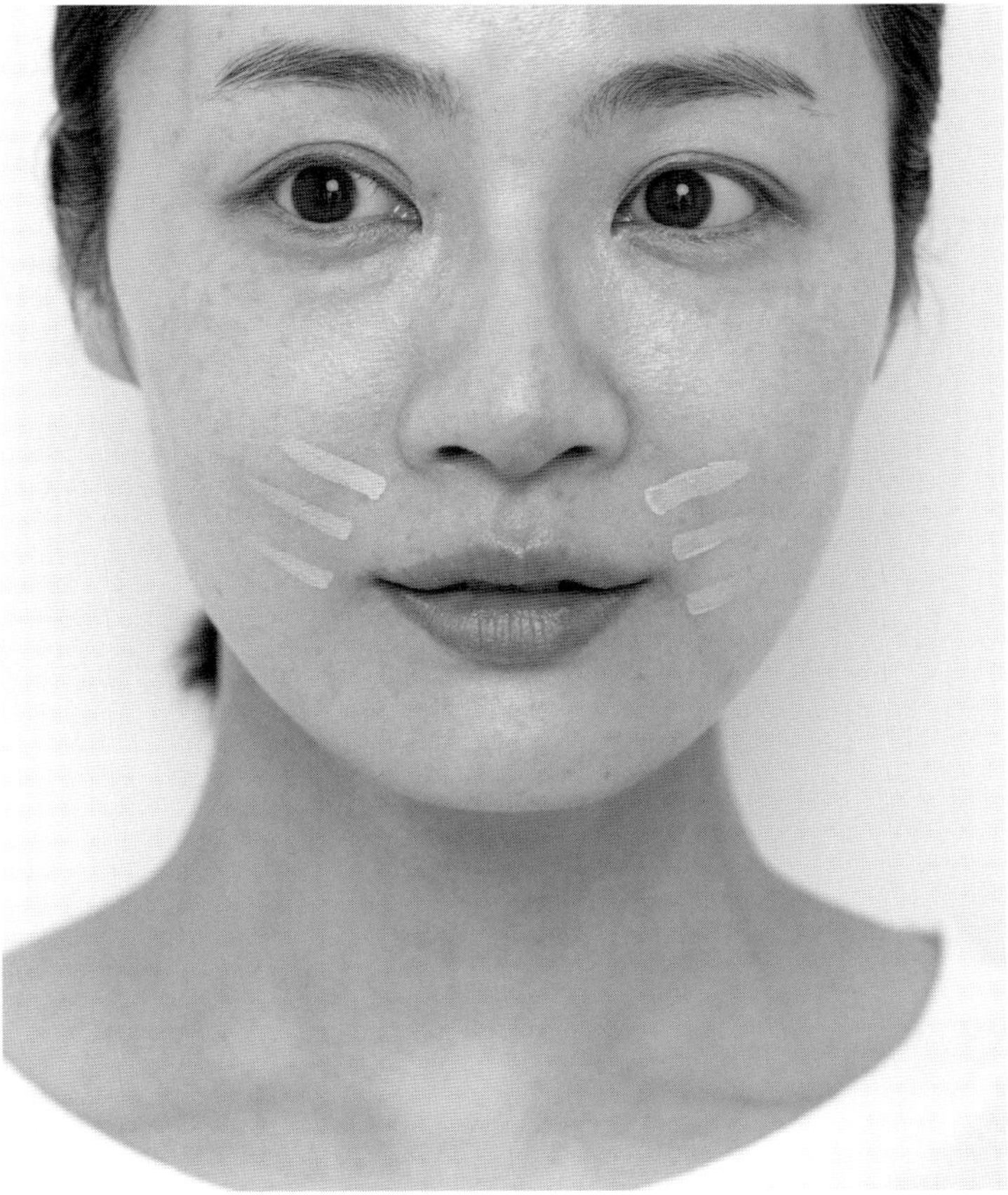

「夕方まで元気な人」の決め手はクリームチーク

「朝、チークをつけたのに、気づいたら色がなくなっている」という方も多いのではないでしょうか。レッスンでもよくお伝えしているのが、**フェイスパウダーの前に、クリームチークを仕込む方法**です。クリームチークはパウダータイプのチークよりも肌にじんわり溶け込み、自然な血色感がかなうのと、あとからパウダーチークを重ねることで発色がよくなり、内側からにじむようなバラ色の頬を夕方までキープできます。

オススメなのは、コーラルピンク。**コーラルピンクは、日本人の黄み肌を自然にいちばんキレイに見せてくれます。**もし色名がわからないときは、P28のアイテムを参考に、似た色を探してみてください。

REINA'S TIPS 3

考えるより感じてみる。五感が豊かな美しさの源に

ついつい頭で考えることの多い毎日ですが、ヘアメイクの仕事を通じて思うのは、キレイになるということは、五感と密接に結びついているということ。特に美容は、自分を手当てすること、触感を存分に使います。エステティシャンの手のように、肌を毎日触ることでキレイが育まれます。視覚もそう、鏡できちんと自分の姿を見ること。また、レッスンの際や撮影時のメイクルームでは、アロマを焚いて香りで気持ちを安らげることが欠かせませんし、自然の水音や鳥の声は、頭の中をクリアにしてくれます。日々の食事がキレイの源になるので、なんとなく食べるのではなく、ひと口ずつ味わっていただくことも大切です。私自身、忙しく日々を送っているとつい忘れてしまいがちなのですが、ふと立ち止まって自分を見つめ直す時間を持つと、気持ちも頭もスッキリ、リフレッシュできます。どうか、少しずつ五感を意識してみてください。その一見、なんでもない日常の一瞬一瞬の積み重ねが、豊かな美しさにつながるのだと思います。

リフトアップ顔を作るのは「小鼻より上」のチーク

下地、ファンデーション、コンシーラーの順番でベースメイクを整えたら、コーラルピンクのクリームチークで、内側からにじむ血色感を演出します。**チークは血色だけでなく、顔を立体的に見せるのに欠かせないパーツなのです！　入れるのは、黒目の外側の縁と小鼻の上のふくらみが交差するところ**です。チークはニコッと笑って頬骨の高い位置に！というのを聞いたことがある方も多いかもしれませんが、顔のコリなどで笑ったときの頬の位置が下がっていることもあるため、「黒目の外縁と小鼻の上のふくらみの交差点」を目安にしてください。

クリームチークを中指の腹にとり、その交差点に何度か指でポンポンと色をおきます。次に何もついていない薬指の腹でその輪郭を軽くおさえ、交差点にのせ

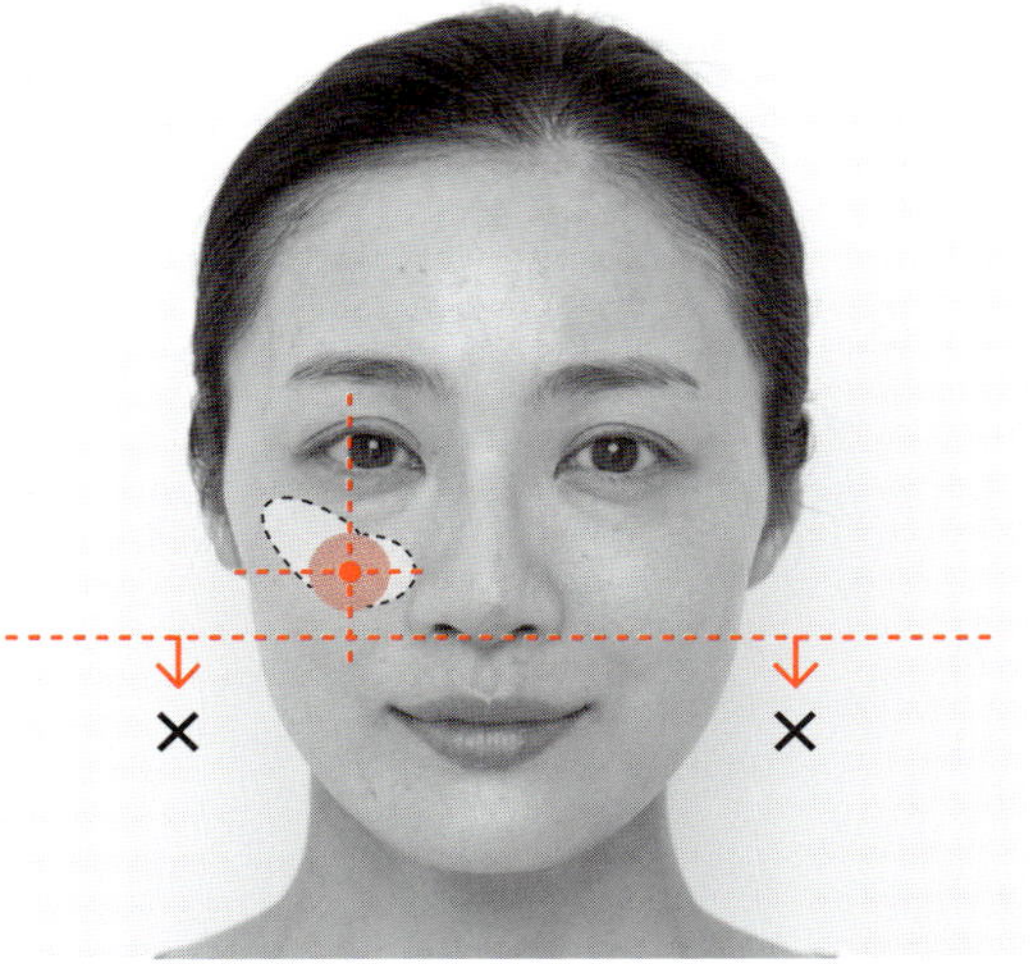

た色を広げます。これで、**頬の中心が濃い自然なグラデーションチークが簡単に**完成します。小鼻より下にぼかさないよう気をつけてくださいね。顔が下がって見えてしまいます。

基本の入れ方がわかったら、ぜひ自分の顔に合わせて少し円の大きさを変えてみてください。チェックするのは、左右の目の間隔。目と目の間が片目の横幅より広めの方は、少し内側に広めの円を描いてぼかします。反対に目と目の間が近い方は、内側は狭めに、外側に広い楕円になるようにぼかすだけです。

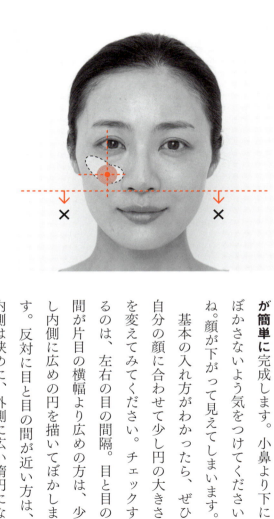

「生えぎわフェイスパウダー」で清潔感ある肌になる

ベースメイクのラストは、フェイスパウダーです。

フェイスパウダーは、料理の仕上げにかけるスパイスのような存在です。余分な油分を吸着してメイク持ちをよくしたり、肌をふんわり見せてくれたりします。

大きく分けて、小麦粉のようなルースタイプと、コンパクトに入って固められたプレストタイプの2種類がありますが、私は色のつかないプレストタイプをオススメしています。

ポイントとなるのは、「広い範囲は、ブラシで薄くのせること」と「細かい部分は、スポンジでつけること」の2点。ここまで薄づきのベースメイクができているのに、フェイスパウダーをべったり塗ってしまっては台無しです。スポンジ

やブラシ、パフにとったら必ず、手の甲で2〜3回ポンポンはたくようにして、余分なパウダーを落としなじませます。
　動きが多く崩れやすい目の下、眉の上、眉間と小鼻まわり、口角の脇、あごはピタッと密着させられるスポンジで。テカリに見える額の生えぎわと頬はブラシで軽ーくひとはけすれば、テカらないのにツヤのあるキレイな肌の完成です！

PART

04

眉メイク

眉こそが
顔の印象を左右する

表情やその人らしさを表すのが眉

「眉はどのタイミングで描けばいいですか?」。そう聞かれたら、迷わず「ベースメイクのあと」とお伝えしています。というのも、顔の印象を決めるのは、実は眉だったりするからです。**眉が整うことで、初めて表情が生まれます。**P95のイラストを見ていただければ、同じ顔でも眉の角度しだいで性格まで変わって見えるのがわかるかと思います。平安時代の人たちが眉を剃ったり、点のような麻呂眉にしていたのは、自分の感情を相手に悟られないことが美徳とされていたため。それくらい、眉は「その人らしさ」が色濃く表れるパーツなのです。

眉は描き方しだいで自分をどう見せたいかを演出できるパーツです。キツイ印象で悩んでいる方も、眉の描き方しだいでやわらかな雰囲気に見せることもでき

ますし、反対におっとりした雰囲気の方も、眉をキリッと仕上げるだけで頼れる存在に自己演出することができるのです。そんな眉メイクで覚えていただきたい基本はたったの3つです。

① 眉の下辺はなだらかな曲線。目のカーブと平行が基本
② 太さは黒目の半分〜3分の2
③ 眉は、描いたら輪郭をぼかす

それぞれについては、このあと詳しく説明していきますが、眉メイクをマスターして、「なんだかキレイな人」をめざしましょう！

眉を仕上げれば、アイメイクも自然と上手になれる

アイメイクを上手に仕上げるためにも、眉は欠かせません。アイメイクは、眉と目の間を埋めて目をパッチリ見せるのが目的ですから、**眉が決まれば、自然とアイシャドウをどこまで塗ればいいのか範囲が見えてくるのです**。すると、簡単でシンプルなのに、効果的なアイメイクができるようになります。でも「アイメイクはするけれど、眉はよくわからないから適当に」という方、とっても多いのです。「毎日違う形になってしまう」「左右がそろわない」「描くと不自然に見える」――みなさんの悩みは尽きません。

では、大人はどのような眉をめざせばいいのでしょう。

今は太めで直線ぎみの眉がトレンドですし、私が学生のころは、アムラー眉なんていう細くてアーチ状の眉が流行りました。覚えている方もきっといらっしゃいますよね。けれど、大人に必要なのはトレンド眉ではありません。**めざすべきは「気にならない眉」！**　眉が目立ってしまっては失敗なのです。

押さえておきたい基本の目安が、目に沿ったカーブと自然な太さです。

眉は目元の一部ですから、眉の角度が目のカーブと同じだと、自然に目と動きが一体化して、「気にならない眉」が整います。眉に目がいくのではなく、その人本来の魅力に、人の目が集まりやすくなるということですね。

また、犬やネコを想像してほしいのですが、若い動物はツヤやかで豊かな毛並みです。反対に年をとると毛にツヤがなく、しょぼんとしてしまうものです。毛は若さや元気さの象徴ですから、眉にも適度な太さが欲しいのです。特に大人になると、髪やまつ毛など全体の毛量が減り、顔の輪郭も下がってきます。それを**ちょっぴり太めでゆるやかなカーブのついた眉が引き上げてくれ、自然と若々しく見せてくれる**のです。

眉の生ぇ方別、アイテム選びで失敗知らず

眉メイクを難しいと感じてしまう理由が、眉の生ぇ方がひとりひとり違うことにあります。基本的にどんな眉も描き方は同じですが、それを自分の眉に生かすための助けになるのがアイテム選びです。ペンシル、パウダー、リキッドと、さまざまありますが、**眉の生ぇ方によってアイテムを使い分けると、自然な眉が描けます**。最も一般的なペンシルは、毛を1本1本描けるので、眉の下辺のきちんと感を出したり、毛量が多い方に最適です。また、パウダータイプはふんわりと色がのるので、細眉や眉が薄い方には欠かせません。眉が生えていない部分を埋めるためには、筆ペンタイプのリキッドがオススメです。ペンシル同様に1本1本の毛を描けますが、密着度が高いため地肌に自然な眉を描けます。

眉のない方

パウダーアイブロウ ＋ リキッドアイブロウ

自然な陰影眉に。ケイト デザイニングアイブロウ3D EX-5 1,100円＋税（編集部調べ）／カネボウ化粧品

汗などにも強く、すっと描くだけで自然な眉に仕上がる。プリオール 美眉ペン 全2色 オープン価格／資生堂

眉の薄い方

ペンシル ＋ パウダーアイブロウ

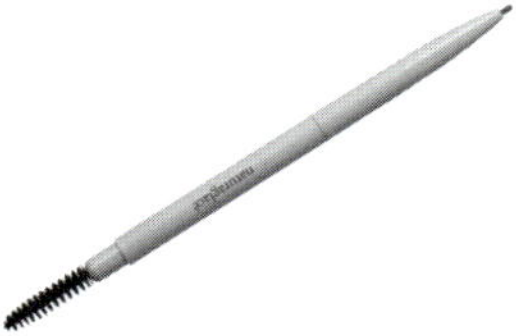

やわらかい芯でするっと描きやすい。ナチュラグラッセ アイブロウペンシル 02 2,800円＋税／ネイチャーズウェイ

濃淡のブラウンと濃いグレーで、どんな眉にもフィット。パウダーアイブロウ N 3,800円＋税／RMK Division

眉の太い方

眉マスカラ ＋ ペンシル

濃い眉の人は仕上げに眉マスカラで明るめに。ボリューム アイブロウ マスカラ 03 3,000円＋税／SUQQU

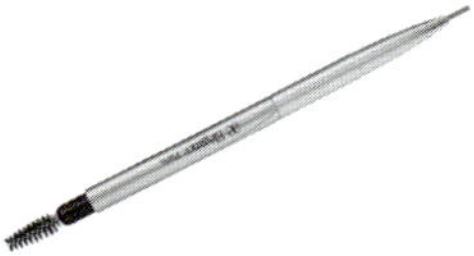

芯が細く繊細な眉メイクがかなう。アイブロウ スリム 全6色 3,800円＋税（セット価格）／エレガンス コスメティックス

眉尻と、眉の下辺を決めれば5割は完成！

「気にならない眉」作りで大切なのは、眉の角度です。鏡を正面に見て、まずは自然に見える眉の形を確認します。まず眉尻を、口角と目尻を結んだ延長線上に設定します。細いペンなどをあてて位置を確認し、ペンシルで点を打ちましょう（❶）。続いては、眉の角度です。眉の下辺は、眉尻の点と黒目の内側を黒目のカーブに合わせます（❷）。眉の上辺は、眉山と眉尻を、黒目の外側から目尻にかけての丸みに合わせるのが基本（❸）。眉頭は、小鼻のふくらみの延長が基本です。❶❷❸を描き、眉頭はあくまで最後にボカすのが自然な眉を描く秘訣です。太さは、黒目の半分〜3分の2を目安とします。この指標に沿って自分に合ったアイテムで足りない部分を足すだけで、自然な美人眉は手に入ります。

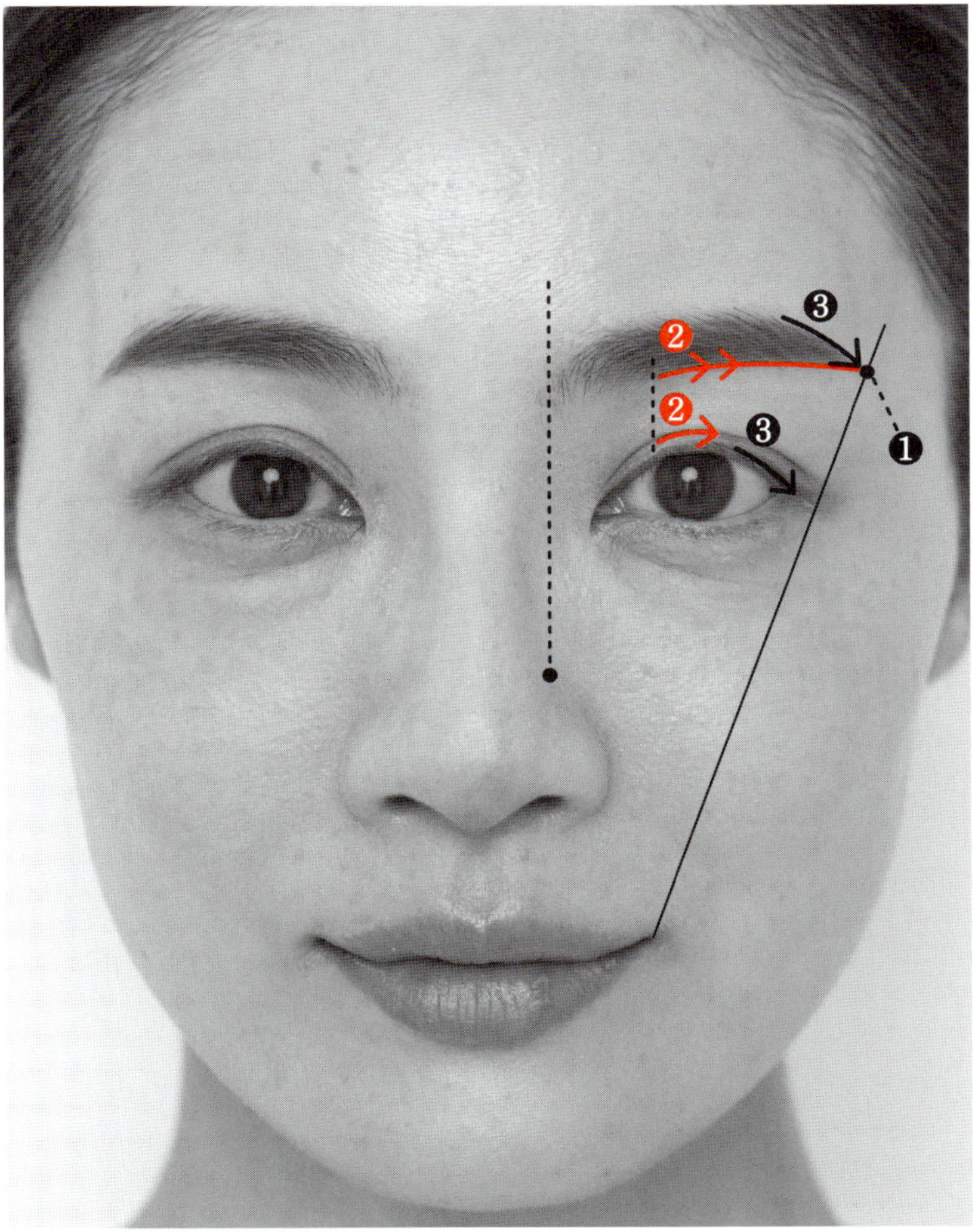

口角と目尻をつないだ線の延長上に眉尻を決めたら、眉の下辺のカーブを黒目の丸みに合わせるように設定。黒目の内側の毛のたまり場から、眉尻に向けてシュッシュッと線でつなぐ。

眉の下辺だけ描けば、自然な眉になる

眉を描くとき、左右差が気になるあまりについ、眉頭や眉山をいじってしまうものですが、実際のメイクで大切なのは、実は眉の下辺です。**下の線をハッキリ描くと、そこが影になり、逆に眉の上側は飛び出して見えるため、自然で立体的に仕上がります**。眉メイクは、眉の下辺と眉山から眉尻にかけての上辺さえきちんと描けばOKです。眉頭や眉の上は、生えている毛を生かすだけで十分。

まずは口角から目尻の延長に眉尻の位置を決め（❶）、黒目の内側と眉尻の点をなんとなくの線で結び、眉の下辺を描きます（❷）。デッサンのように短い線をシュッシュッと描いてつなげれば十分です。次に眉山と眉尻の点を結ぶように線を引きます。このとき黒目の外側から目尻にかけてのカーブと平行になるように

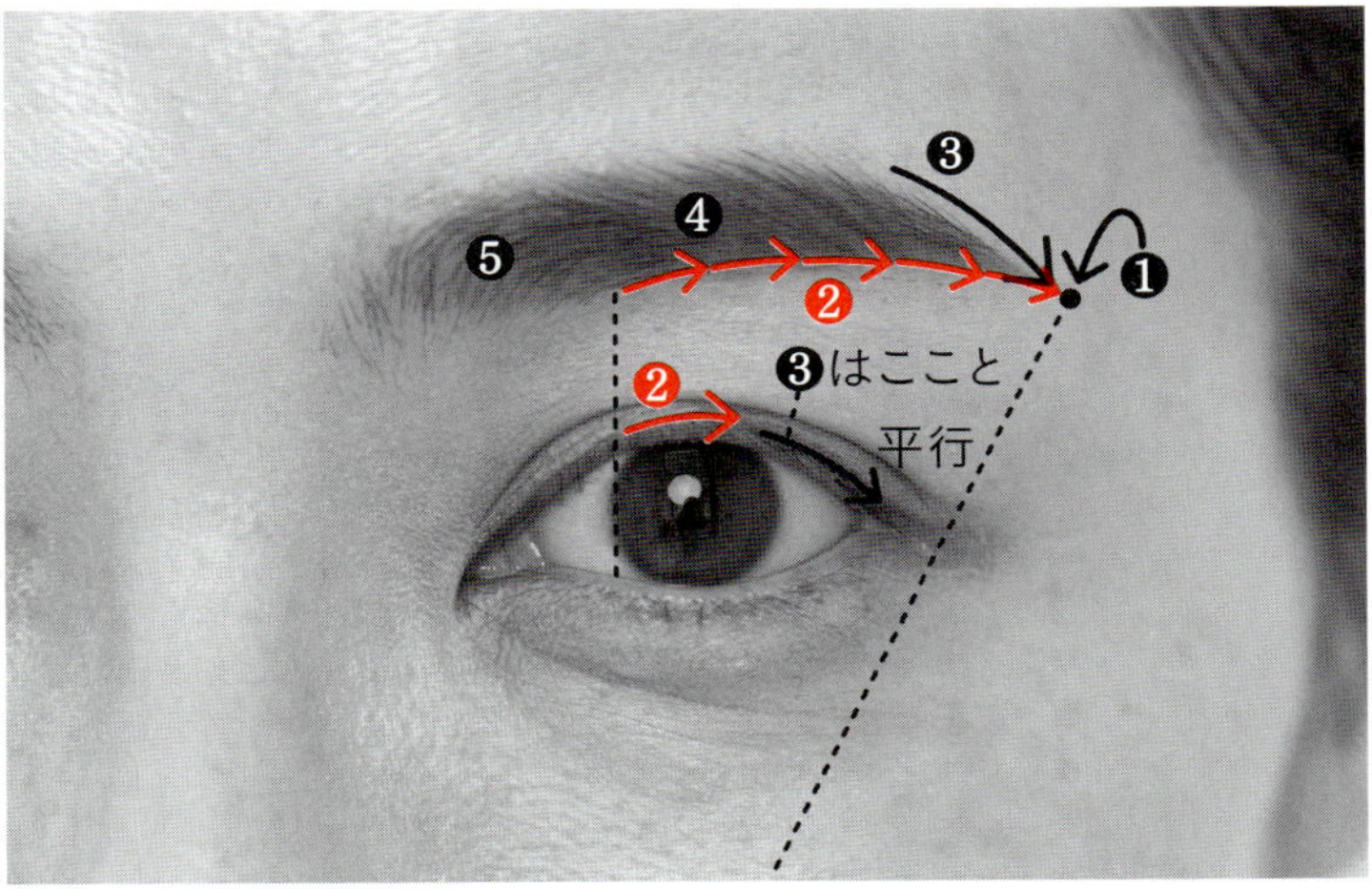

意識してください（❸）。❷と❸の線からはみ出る毛は、ハサミでカットするかコンシーラーで消してみると、眉の理想形が浮き上がってくるはずです。あとは今引いた線の中を軽ーく埋めて（❹）眉頭をぼかせば（❺）完成です。もともと眉が濃い方は、ペンシルやパウダーで毛のないところだけに1本1本線を描いていきましょう。眉がほとんどない方は、最後にブラシにパウダーをとり、眉の下辺から上辺に向かって色をのせていくと自然な眉に仕上がります。

「黒目の3分の2の太さ」が若々しい眉の決め手

毛は、若さや元気さのバロメーターです。毛のツヤや量は、ハツラツとした印象を作るのに欠かせません。私たちの顔のなかで毛が密集しているパーツが目元であり、眉です。特に眉は、表情に大きく影響を与えるパーツですから、**適度な毛量でフレッシュさを演出することで、明るくて好感度が高く、親しみやすい雰囲気になります。**薄い眉や細い眉は全体的に元気がなく、寂しげな印象になってしまいますし、顔にメリハリが生まれないため、顔全体を下げて大顔に見せる要因にもなります。もともと眉が細い方や薄い方は、眉メイクで濃さと太さを足す工夫が大切です。

自然に見える眉の太さは実は黒目の大きさと比例します。目が大きい方はかな

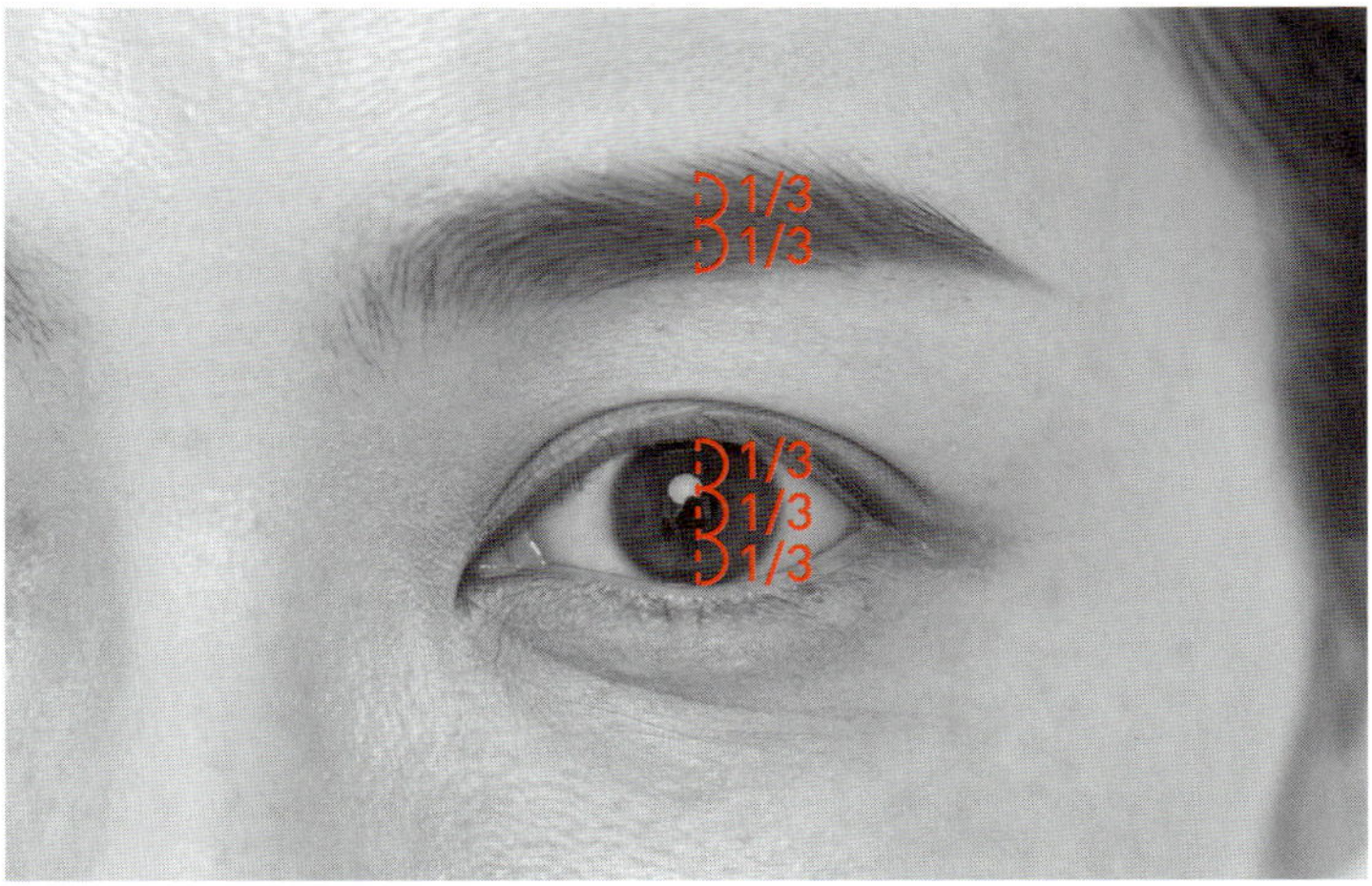

り太眉でもしっくりきますし、目が小さい方はある程度細めでも自然に見えるのはそのためです。

大人の眉の太さは、黒目の半分〜3分の2を目安にするのがオススメです。黒目の内側から眉山くらいにかけての太さをこれくらいに設定し、眉山から眉尻にかけての外側は、自然と細くなるようにしましょう。すると、顔の余白が少なくなるので小顔になり、若々しく、なおかつ横顔もキレイな美人眉が簡単に完成します。

眉頭より眉尻を上げると5歳若く見える

もし、眉の形がキレイに整っていても、どことなく寂しそうに見えたり、目が若いころより下がって見えてしまうとしたら、眉尻の高さを見直してみてください。カタカナのハの字のような眉は、魅力を半減してしまいます。

ハの字眉を解決するためのとても簡単なポイントは、「眉頭よりも眉尻を少し上げて描くこと」です。特に35歳を過ぎて放っておくと、重力に負けて目元やフェイスラインなど、顔全体が下がってきます。それをリカバリーしてくれるのが眉メイク。

いわば、眉は顔の印象を決める額縁のようなものです。

眉しだいでその方の人格まで変わって見える、と言っても過言ではありません。

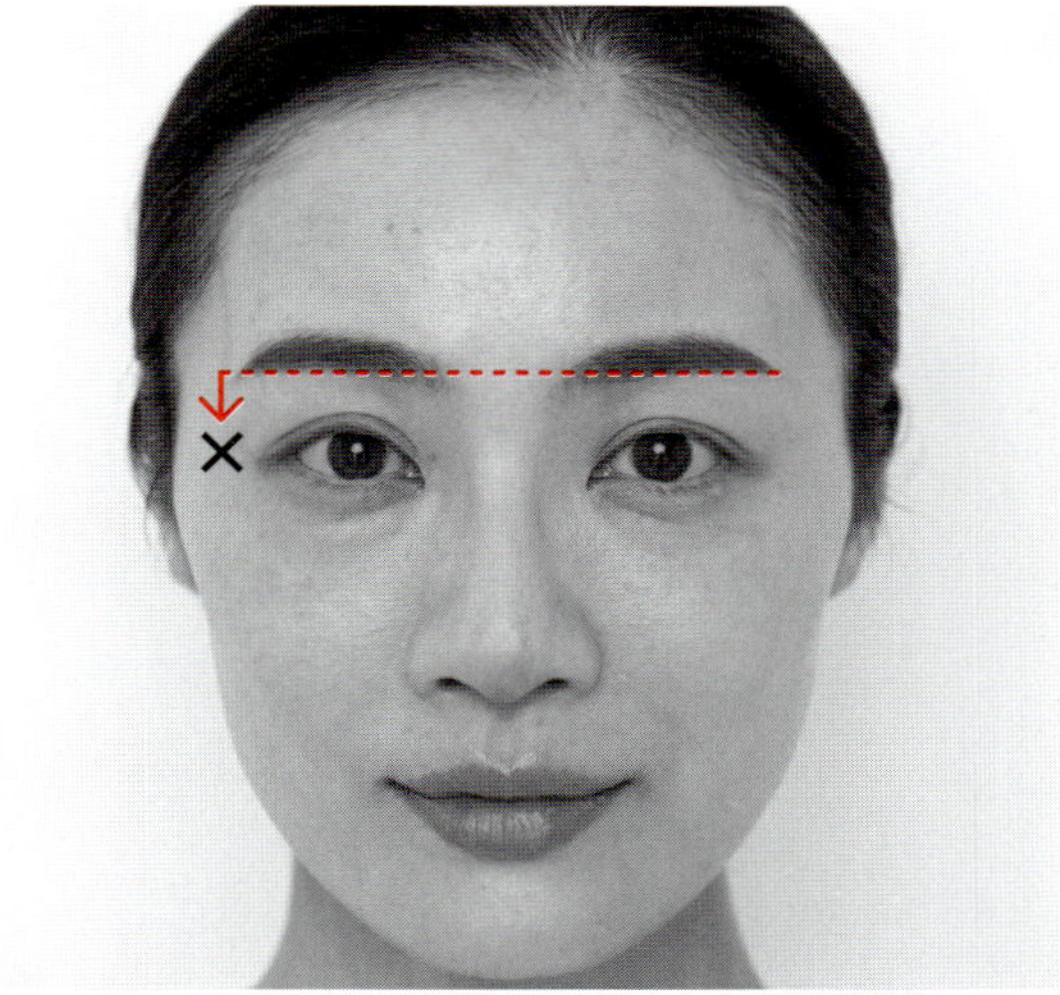

眉がキュッと上向きであれば、イキイキとした印象に見えてきます。とはいえ、上げすぎると強い人という印象になってしまうので禁物です。目安は眉頭の下辺から眉尻に定規などをあてて、眉尻側に1～2ミリのすき間がある程度で十分です。

もし、P100のように眉尻の位置を決めてメイクをして、眉頭よりも眉尻が下がってしまった場合は、あわてずに写真の点線より下に見える部分だけを、綿棒でやさしくぬぐえば大丈夫です。

眉頭の色を鼻すじにのばせば、アイシャドウいらずの立体顔に

みなさんのお話を伺っていると、眉をどう描いていいかわからず、とりあえず毛のある眉頭から色をのせているという方がとても多くいらっしゃいます。すると、「はじめにのせた部分が濃くなる」法則で眉頭が強く、険しい表情に見えてしまうことに。これではやさしい方でも近寄りがたい印象を与えてしまいます。

あくまで「眉頭のメイクはいちばん最後にうっすらと」が基本です。

眉頭の位置の目安は、小鼻のふくらみの延長上です。ここより内側になるとキリッとした印象が強まりますし、ここより外側にするとほがらかな印象が強調されます。

毛が足りない場合には、リキッドか細めのペンシルで下から上へ、実際に毛を

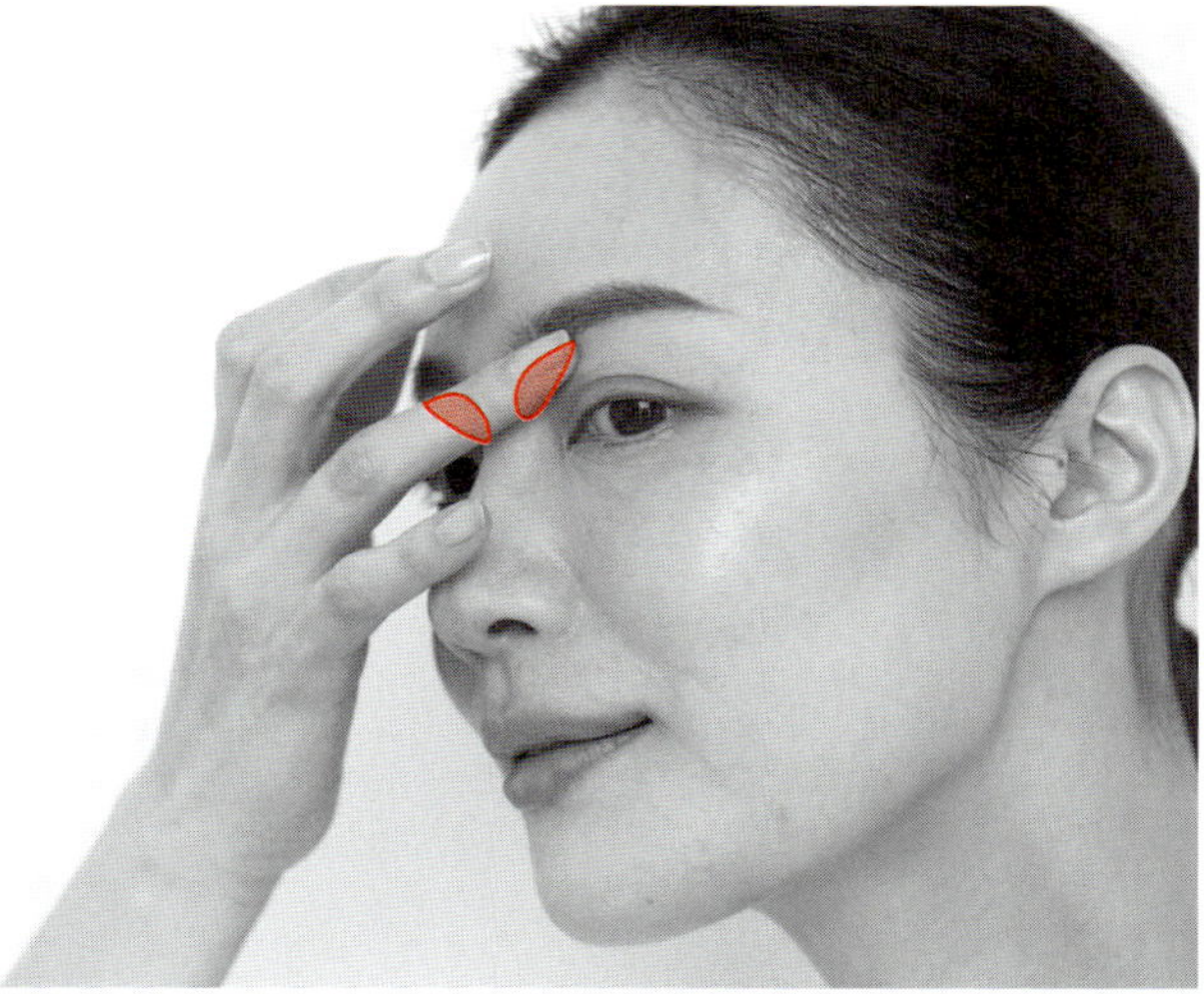

生やすような感覚の軽いタッチで描き足します。毛が多い方は、鏡を見ながら1本ずつカットしましょう。毛の微調整がすんだら、パウダーを使い、筆やチップを上から下へ動かしぼかします。そして最後に、眉頭から鼻すじにかけてのへこんだ部分に、指の腹を使ってなでるように、眉頭にのせた色を移します。このひと手間で鼻すじから自然に眉がはじまり、眉山に無理な角度をつけなくても、立体感のある目元が完成します。

若いころのアートメイクはコンシーラーでリセットできる

昔入れたアートメイクの形が邪魔をして、眉の正しい位置がわかりにくいという方も多いです。年齢により目元が下がってきたため余計に顔が下がって見えてしまう方が多くいらっしゃいます。そんなときは、いらない部分だけ濃いシミを消すのと同じ肌色スティックコンシーラーで消してしまいましょう。**消すポイントは、P107でご紹介した眉頭の下から横にのばした線より下にはみ出すライン**です。そこにコンシーラーを重ね、上からフェイスパウダーをポンポンとたたき込むようにすればキレイに消えるはずです。上から眉を描くときには、ペンシルなど圧がかかるものだと、コンシーラーをえぐってしまう恐れがあるので、リキッドアイブロウで軽く描いてくださいね。

「グレーブラウン」の眉色が若々しさアップの秘密

眉の色については、もとの眉色に合わせたり、髪色に合わせたりとさまざまな理論がありますが、いい意味で「目立たない眉」に仕上げるには、髪色に合わせるのがオススメです。

黒髪の方は、「グレーブラウン」など、眉色を髪より少し明るめに整えるほうがやわらかな印象に仕上がります。また、髪を明るくカラーリングしている方は、髪色に似ていて、ちょっと暗めの色を選ぶと、自然に仕上がります。そうすることで、顔の印象がハッキリして、若々しく見せることができます。また、もとの眉が濃い方は、眉マスカラで色を少し明るめに整えましょう。毛流れに沿ってサッサッとなじませるように塗ると、軽やかに仕上がりますよ。

「眉ティント」ですっぴんでも美眉がかなう

もともと眉毛が薄かったり、眉の毛量が少なくて悩んでいる方は、「眉ティント」を使ってみるのもひとつの方法です。ティントとは、英語で「染める」という意味。化粧品では特に口紅などにティントという名前がついたアイテムが多いのですが、最近の太眉ブームもあってか、眉をうっすらと染め上げる「眉ティント」が増えてきています。**イメージとしては、数日で消える眉のタトゥー**です。眉全体に眉ティントを塗り、しばらくおくと固まってきます。これをパックのようにはがすと、地肌がうっすらとブラウンに色づき、すっぴんの状態でも眉があるように見せることができるのです。私自身も何度か使ってみたことがありますが、ほんのりと色づく程度なので失敗する心配もありませんし、数日で自然と色

お風呂上がりに使うと、朝のメイクがとってもラクに。
フジコ眉ティント SV 全3色 1,280円＋税／フジコ

は落ちていくので便利です。コツは、眉を描くのと同じ要領で、眉の下辺→眉山から眉尻→眉頭の順で塗ることです。眉ティントもファンデーションなどと同じように、塗りはじめたところが濃くなるので、眉頭から塗らないよう、気をつけてください。2～3日は色持ちするので、パートナーの前でメイクを落とせないという方や、旅行に行くとき、プールやエクササイズをする方などにもオススメですよ。

眉ペンシルの「真ん中より後ろ」を持てば、ふんわり眉に

「眉がベタッと仕上がってしまう」「描いても色がのらない」。そんな声をよく耳にします。理由は簡単、力を入れすぎているから。たったそれだけです。眉のアイテムに限らずメイクアイテムは大抵、やさしい力でも色がつくように作られています。にもかかわらず、ギュッと力を入れてしまっては、上手に色がのらないのは当然です。自然で、「なんだか素敵」に見える眉のコツは、「ペンの真ん中より後ろを持つ」ことです。そうすると、自然と力が抜けて、やわらかい線を描くことができます。鉛筆だって、芯の近くを持てば筆圧がかかって濃くなりますし、後ろのほうを持てば薄くなりますよね。**メイクに余計な力はいりません。やさしいほうがうまくいくし、キレイになれますよ。**

利き手と逆から描きはじめると、左右対称の眉になる

「左右の眉がどうしても同じようにならない」。これも多い悩みです。もちろん、左右対称の眉は美しいですが、完璧にきっちり同じにする必要はありません。だいたいそろえるにはちょっとコツがあります。ぜひ**不得意なほうから描きはじめてみてください**。また、片側の眉を完成させてからもう一方を完成させようとしないこと。眉の下辺を描いたら反対側の下辺、次に苦手な眉の眉山から眉尻、そのあとで得意な眉の眉山から眉尻……と、**ステップごとに左右交互に描きましょう**。左右差を微調整しながら描いていくことができるので、仕上がりがとてもキレイです。そもそも、顔は左右非対称なのが当たり前。ここはちょっぴりおおらかな気持ちで諦めることも、親しみやすいキレイの秘訣です。

「眉下のベージュシャドウ」で目元の立体感をアップ

しっかりと目元に陰影をつけるために欠かせないのが、**「眉の下に仕込むベージュ色のアイシャドウ」**です。

そのためには、眉の下辺をきちんと描いて、上にいくほどに淡くぼける、下から上へのグラデーションが欠かせません。基本的な描き方を実践すれば、自然と立体的な眉にはなりますが、もうひと手間加えると、目と眉の一体感が生まれ、よりメリハリのある目元に仕上がります。

ベージュシャドウは、肌色よりもワントーン暗いパールなしのものを選びましょう。多色入りの眉パウダーをお持ちであれば、そのなかのいちばん明るい色を使ってもＯＫです。

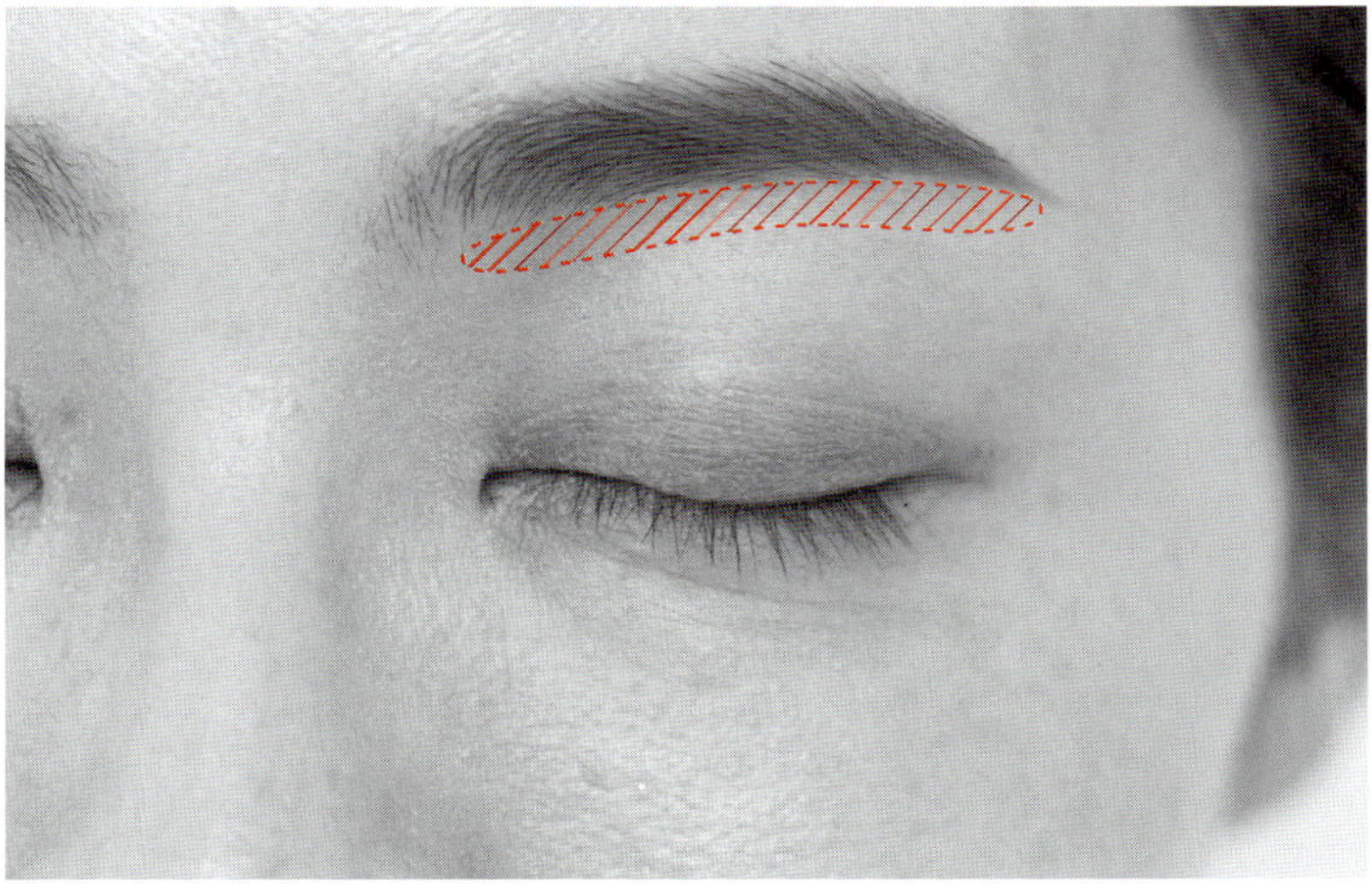

塗る場所は、眉の下辺の下。ベージュ色のアイシャドウをブラシにとり、下辺の下に線を引くように内から外へスッと色をなじませるだけ。**実際に塗ってみても自分では変化がわからないくらいでも効果は十分です。**遠目から見ると、眉の下にうっすらと影がつき、一段深く見えるので、目に力が宿り、パッチリとした印象にしてくれます。目と眉の間隔が離れている方にもオススメです。

描き方しだいで、左右の高低差は解消できる

もともと、眉の左右差は、誰にでもあります。よほど大きく形がズレていなければ、多少の違いは気にしない！　それくらいでメイクを楽しんだほうが素敵に仕上がります。ただ、高低差はなんとなく困った顔に見えてしまうため、整えたいものです。そのためには、高くなりやすい眉は全体的に下側に、低くなりやすい眉は上側に描き足してみてください。**眉の高低差は、描きはじめる場所を変えることで差が埋まり、自然と解消されます**。眉の高低差の原因は表情グセなどによるものが大半です。上がりやすい眉は力が入りやすいということなので、気づいたときに力を抜くよう心がけてみてください。自分の顔のクセを知ることで、もっとキレイに近づけますよ。

REINA'S TIPS 4

道具は端っこ持ちがやさしいメイクに仕上がるコツ

もしプロとみなさんのメイクに違いがあるとすれば、そのほとんどが力加減ではないでしょうか。力いっぱいに塗ると色づくような気がしますが、実際は逆。力を入れすぎると、今までついていたものをえぐってしまいます。また、色がにごる原因にもなります。メイクで大切なのは、やさしい力加減で塗ることです。すると、不思議なほどキレイに発色したり、キレイについたりするようになります。そのためのコツが、道具の端っこを持つことです。鉛筆を思い出してください。芯の近くを握ると筆圧が高くなるのと同じです。メイクのときは、アイライナーもリップライナーもブラシも、端っこを持ち、力が抜けているくらいがちょうどいいのです。ファンデーションを塗るスポンジも同じです。先端を持ってペラペラするくらいがキレイなメイクに仕上がります。そして、やさしく道具を扱うことも大切です。それだけでメイクも本当に、自然とやさしい仕上がりになりますよ。

PART

05

アイメイク

大人に必要なのは
やわらかい線

大人は「まつ毛のキワ」がパッチリ目元のカギ

「なんだか今までよりも顔がぼんやり見える……」
「目が小さくなったような気がする……」

普段の生活のなかではなかなか気づきませんが、写真などを撮ったときに初めて気づいてレッスンを訪れた——そういう方がたくさんいらっしゃいます。

目元がなんだかぼんやりしてきた理由は、目のフレームが緩んで弱くなっていることにあります。年齢とともにまつ毛などは細く少なくなってきますし、目尻も重力とともに下がってきます。上まぶたに濃い色のアイシャドウを塗ってもパッチリとした目元にならないのは、目のフレームが緩いままだからなのです。目の輪郭がはっきりしていなければ、頑張った分だけの効果は出ない。それが大人のアイメイクの実態です。

アイメイクで大切なのは、目のフレームをハッキリさせることに他なりません。少女漫画を想像してみてください。女の子は目の輪郭がアイライン効果で黒く縁取られ、まつ毛がしっかり上を向いているはずです。このふたつのポイントをおさえるだけで、目元がパッチリ華やかな印象になるのです。アイラインと聞くと「難しそう」と感じてしまう方がほとんどだと思いますが、**キレイな線を引く必要はありません。目元の輪郭がハッキリすればいいだけなので、点をつなぐだけで十分なのです。**同じようにまつ毛も大切なのは、しっかりと上を向いていること。太さや長さにとらわれなくて大丈夫です。

アイメイクには、アイシャドウ、アイライナー、マスカラとさまざまなステップがありますが、大切なのは、どの工程においても「目のフレームをハッキリさせること」。そこさえしっかりイメージしておけば、不器用さんでも最小限のメイクで華やかで元気な目元に仕上げることができますよ。

アイシャドウは黒目の上から塗りはじめると、若々しく

縦幅のある丸い目は可愛い印象、横幅のある切れ長の目はスッとクールな印象と、目は形で印象が変わります。その形作りにひと役買ってくれるのが、アイシャドウです。**親しみやすいメイクには、大人こそ「ちょっぴり可愛い目元」くらいがちょうどいいもの、**そのためには縦に丸い目元をめざします。目のなかでいちばん前に出ているのが黒目部分。ここから塗りはじめると、縦幅のある女性らしくやわらかな目元に仕上がります。

まずはお手持ちのアイシャドウパレットのなかで、いちばん明るい色をアイホールに塗りましょう。アイホールとは、目を閉じたときにふくらんでいる眼球の半円状の部分です。このとき、色をのせるのは黒目の上から。「量をたくさん塗っ

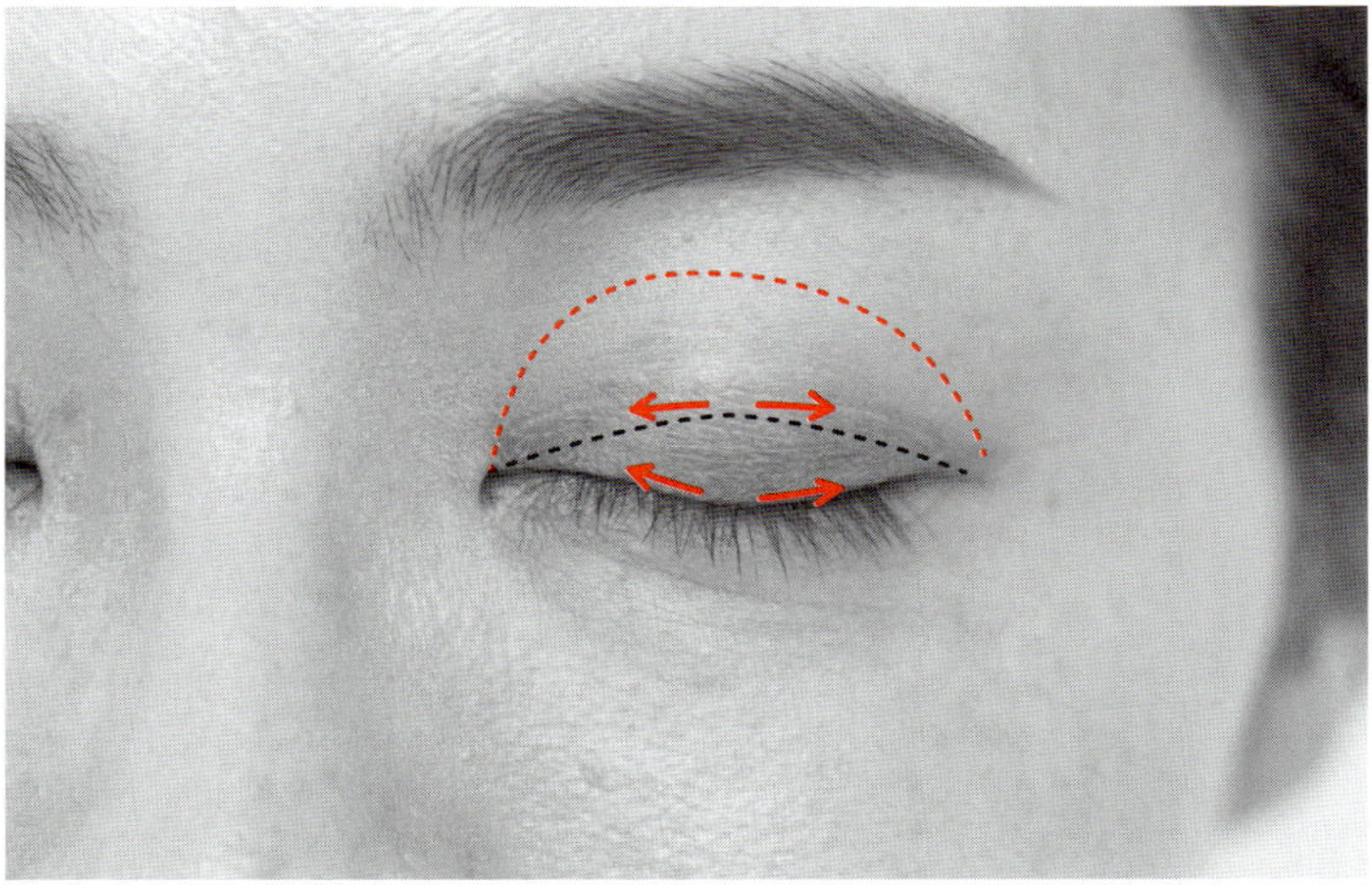

たところは飛び出して、薄く塗ったところは引っ込んで見える」の法則です。次に、パレットのなかでいちばん暗い色を二重の幅に沿って細めに塗ります。このときも、黒目の上から目尻に向かって塗り、また黒目から目頭のほうへのばしましょう。**黒目の上だけ少しふっくらさせると、縦幅が強調され、よりパッチリと仕上がります。**あとは、何もつけていない指かアイシャドウについているチップで、淡い色と濃い色の境目をなでるようにするだけです。アイシャドウの基本は、淡い色と濃い色の2色があれば十分なのです。

好きな色でＯＫ。大人は「しっとりシャドウの指塗り」で輝く目元に

カラーバリエーションが豊富なアイシャドウは、選ぶ色によって印象をコントロールしてくれます。ピンクやオレンジなど暖色系には、温かみややわらかさを出す効果がありますし、ネイビーやこげ茶色など、深みのある色はクールな感じに、アイスブルーは軽やかさや透明感、パープルやラベンダーは女性らしさやエレガントな雰囲気……と、洋服を選ぶみたいにワクワクした気持ちで、好きな色をのせてみてください。

「似合わないかも……」なんて思う必要はありません。メイクは洋服と違って、似合わなければメイク落としでさっと元に戻してしまえるのですから！　それに薄いパステルカラーは、下まぶたにうっすらとなじませると白目をクリアに見せ

てくれる効果もあります。

ただ一点、アイシャドウを選ぶときにチェックしたいのが、質感です。顔のなかでも皮膚の薄い目元にのせるため、**指で触ってみてしっとりしたものを選ぶようにします**。手の甲になじませてみて、光を当てるとパールのように輝くものがオススメです。ラメなどの粒が入ってシャリシャリしているものは、華やかではありますが、普段使いには適さないでしょう。最近では、クリームタイプやチップなどで塗るウォーターベースのものなど、アイシャドウはバリエーションがたくさんあります。お店で触って質感を比べてみてもいいかもしれません。

アイシャドウはしっとり感。そして、**心がワクワクする色を直感を信じて選ぶこと**。それさえ気をつければ、どんな色でも必ず素敵に見えるはずです。

鏡を見下ろすだけで目は大きくメイクできる

アイシャドウの役割は、印象のコントロールと目元の奥行き感の演出です。ほとんどの方がまぶたを閉じて片目で見ながらメイクをしていると思いますが、それだと実際は効果的に塗れていなかったりすることも……。特にあごを引いてメイクしてしまうと、アイホールの正確な範囲がわからずに、せっかくのアイシャドウもかえって目元を小さく見せてしまうことになりかねません。

目を最大限大きく見せるには、姿勢が大事です。上まぶたは、鏡を下に持ち、見下ろすような姿勢でメイクしてみてください。すると、まぶたが最大限にあらわになり、目を大きく作ることができます。洗面所などの鏡の場合は、あごを上げて鏡を見下ろします。実際にやってみると、片目をつぶってメイクするよりも

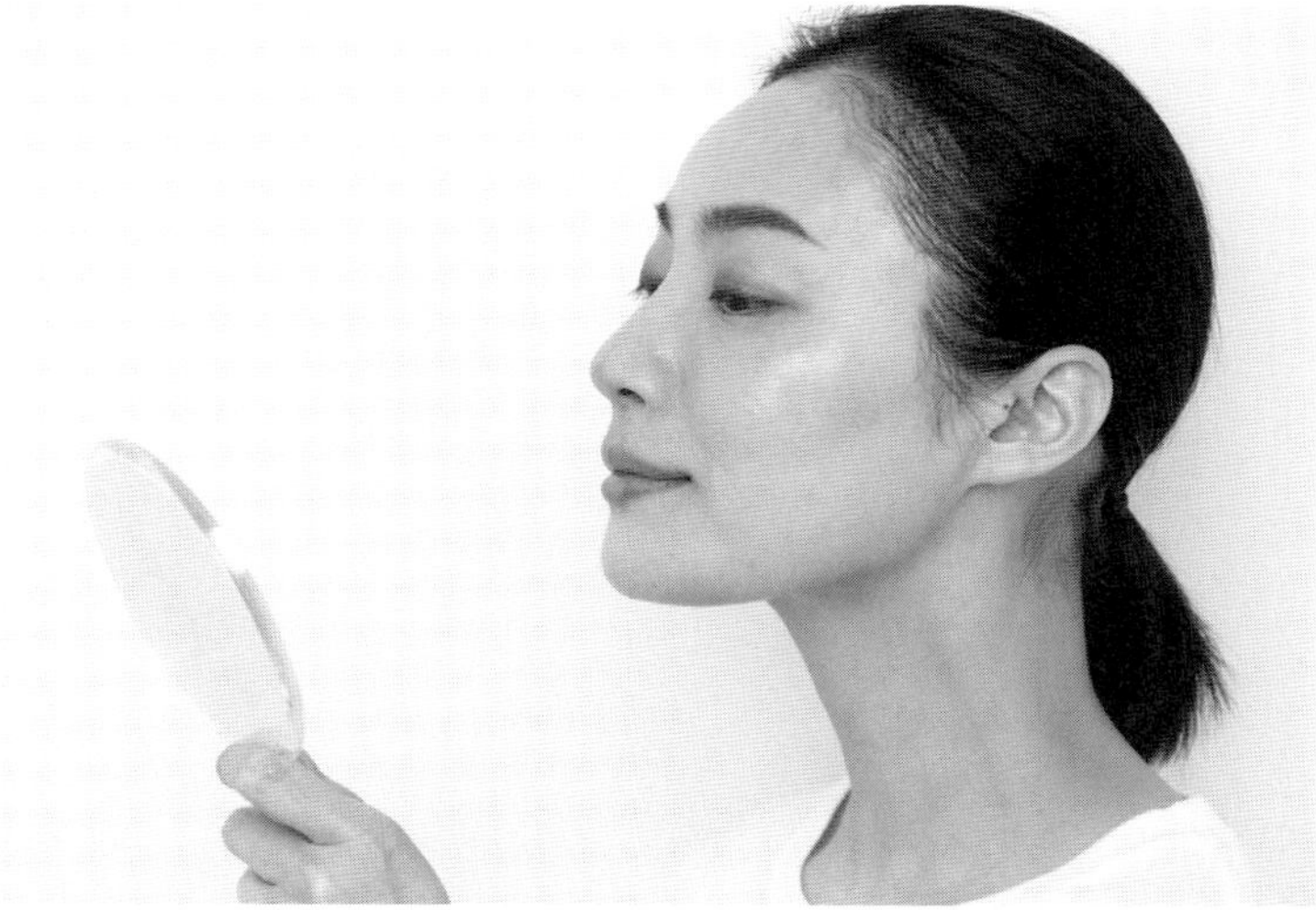

ずっとラクなはずです。反対に**下まぶたをメイクするときには、鏡を少し上げて下から見上げる**か、洗面台の場合はあごを少し下げて鏡を見上げるようにすると、下まぶたの範囲が自然に見えてきます。同じように、眉やアイラインなど目尻にメイクをしたときは、横顔もチェックします。**顔は本来、立体です。自分では正面からしか認識できませんが、他の方には横顔や斜め後ろなどいろんな角度から見られています。**鏡の角度をちょっと意識するだけで、ぐっと洗練された印象に仕上がります。

こげ茶ペンシルの「点々アイライン」で目元が華やぐ

「目元の輪郭作り」に欠かせないのが、アイラインです。「アイラインは難しい！」。でも大丈夫。一本のきっちりした線にする必要はありません。簡単なのは、少しやわらかめのペンシルタイプで、「点々」と色をのせ、チップでぼかす方法。なじみのいいこげ茶が最適です。筆ペンタイプのリキッドアイライナーや、ペンシルタイプ、ジャーに入ったジェルタイプなどがありますが、不慣れな方には簡単でぼかしやすい、少しやわらかめのペンシルをオススメします。

アイラインの役割は、「目の輪郭をハッキリさせること」。**目のフレームとなるまつ毛の根元になんとなく濃い色がのればいいのです。**

鏡を下に持ち、まつ毛の上から根元にアイラインのペン先をあて、根元の1～

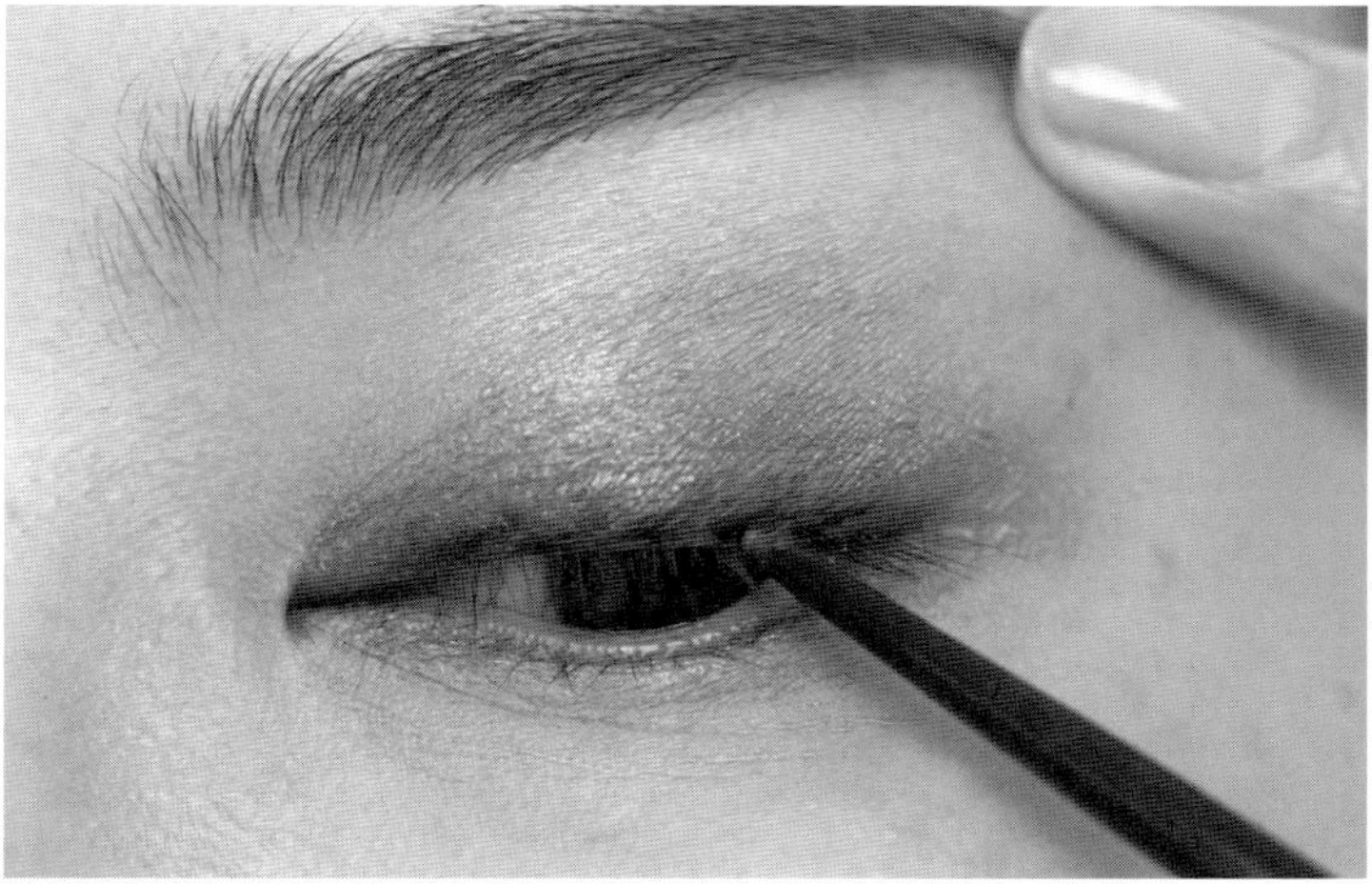

2ミリ上をなぞるように、ブツブツの線を描いていきましょう。視力の悪い方も**「なんとなくまつ毛の根元にペンがあたってるかも?」という程度で大丈夫**です。ペン先を寝かせて一箇所につき、ペン先をコチョコチョと動かして、またずらしてコチョコチョするだけ。短い線が連なっていれば成功です。まつ毛の根元に沿ってコチョコチョラインを引いたら、何もついていないチップでぼかします。すると、自然とまつ毛が密集したようなパッチリとした目元に仕上がり、にじみ防止にもつながります。

まつ毛を増やして見せる「インサイドライン」の底力

インサイドとは、目の内側のこと。**まぶたを引き上げたときに見えるまつ毛の生えぎわに引くラインのことを「インサイドライン」と呼びます。**

まつ毛の密度を高めて見せることができるので、より自然に目をハッキリさせてくれます。先ほどの**「点々ライン」が華やかな印象なのに対して、インサイドラインは「ナチュラルな目力」といったイメージ**でしょうか。目の内側なので誰にもメイクしているのを気づかれることなく、確実に目力がアップする秘策。時間がないときは、インサイドラインだけでも十分です。

インサイドラインは、まぶたを引き上げることで見えてくる場所に入れるのがポイントです。アイライナーのペン先をまつ毛の下から入れ、まつ毛の根元にな

んとなく色をつけます。入れ方は「点々ライン」と同じでOKですが、内側の隠しラインのため、黒を選ぶとより効果的です。「まつ毛が密集しているように見せる」ことが目的なので、目尻と目頭の両サイドは、それぞれ2ミリほどあけると自然でにじみ防止にもなります。

また、デリケートな粘膜部分に近いところに入れるので、アイライナーはナチュラル系ブランドのものや、速乾性のあるものを使うのがオススメです。

「まつ毛ギワのフェイスパウダー」でパンダ目防止

「パンダ目になるからアイラインは苦手……」。そんな方にぴったりの裏ワザが、「まつ毛ギワのフェイスパウダー」です。ウォータープルーフのアイライナーやマスカラなどを使っていても、まつ毛のキワにファンデーションやスキンケア、下地などの**油分が残っていれば、時間とともににじんでしまうもの**です。そこで登場するのが、ベースメイクの仕上げのフェイスパウダー。ファンデーション用のスポンジか、アイシャドウパレットなどについている小さなブラシを使い、目のキワになじませます。ただし、粉っぽくならないよう、スポンジやブラシにパウダーをとったら、一度手の甲で余分な粉を払ってのせるのが大切です。指でふれてさらっとした目元なら、その日一日、パンダ目とは無縁でいられるはずです。

アイメイクの洗練度は、「ぼかしテク」がかなえてくれる

アイラインという名称がついていますが、ナチュラルなメイクに強い「線」はいりません。くっきり刻まれたシワや、目尻にピッとのばしたアイラインを想像するとわかるように、線は残るほどキツく見えたり老けて見えたりします。みなさんにお伝えしたいのは、「なんだかキレイ」とか「話しかけやすそう」といった、女性としてのやわらかな部分を引き出すメイクですから、強く見える線は必要ありません。それよりも大切なのは、「ぼかすこと」です。まつ毛の根元にアイラインを引いたら、アイシャドウでぼかしてください。アイシャドウも、色と色、色と肌の境目を、指でぼかすことが大切です。**ここまで塗りました！とわからないくらいがちょうどいい**。とにかくぼかすことで、洗練された印象に仕上がります。

ビューラーとマスカラでまつ毛の縦幅を広げると、目が大きく見える

まつ毛は、向いている方向によって印象が大きく変わるパーツです。つけまつ毛やまつ毛エクステが、カールや長さによってさまざまな種類に分かれることからもわかるように、それだけで顔全体の印象をコントロールできるのです。

カールがなだらかで、伏し目がちなまつ毛はセクシーで魅力的ではありますが、大人のメイクに必要なのは、明るさや華やかさ。そのためには、まつ毛は根元から上がっていることが大切です。**根元から上がったまつ毛は、目の縦幅を広げて目を大きく見せてくれます**し、白目がクリアに見えるため、活発で元気な印象も引き立ててくれます。日本人のまつ毛は、髪の毛と同じようにかための毛質が多いので、まつ毛メイクをするときには、ビューラー使いがポイントになりま

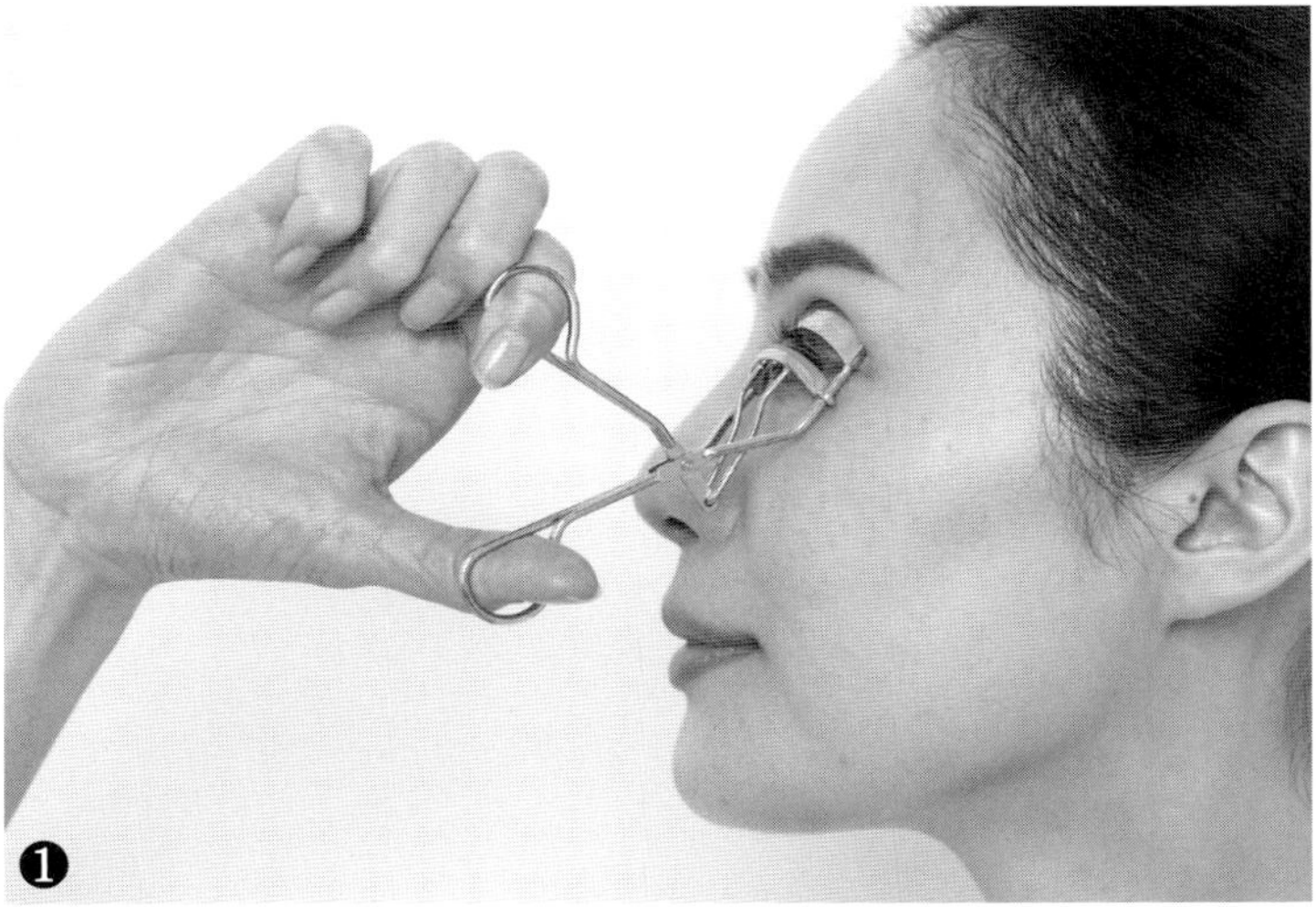

す。

まずは、自分のまぶたのカーブに合ったビューラーを選びましょう。使うときには、まつ毛を挟む上側の金具をまぶたに押しつけ、まつ毛の根元を押し出します（❶）。そのまま軽くビューラーでまつ毛を挟んでいきましょう。根元を一度挟んだら、ひじを上げ、毛先まで3段階くらいに分けて挟んでいきます。強く挟むと、カクンと直角のまつ毛になってしまうので、あくまでもやわらかなタッチで。金具をアイホールにつけたままひじを上げていくのがポイン

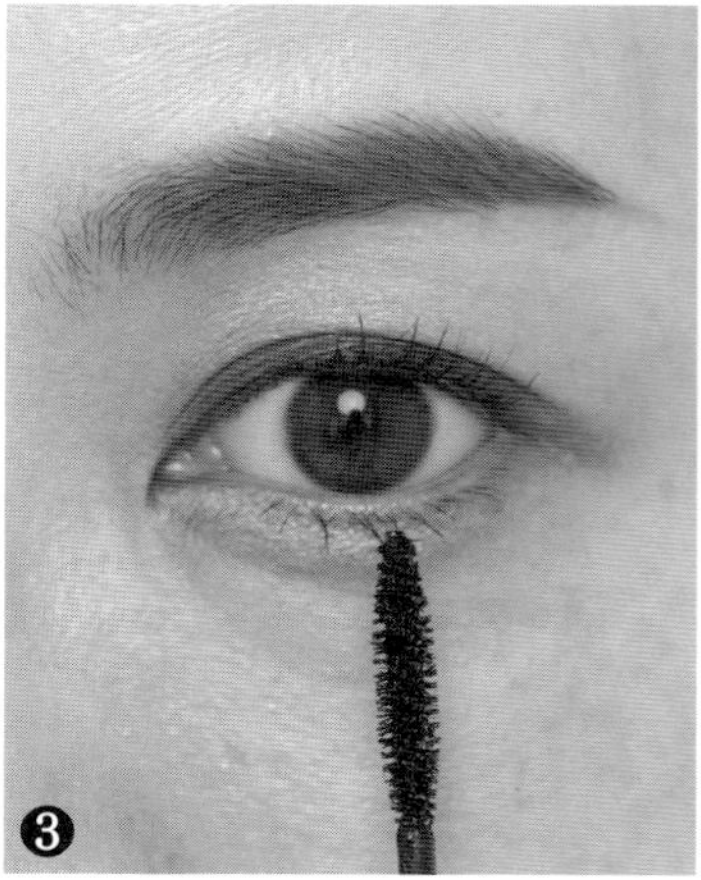

トです。ここまでできればもう、まつ毛メイクは8割完成です！　あとは、まつ毛をより長く、多く見せるためのカールキープできるマスカラ下地を全体に塗り、上からマスカラを重ねます。マスカラを塗るときには、あごを上げ、まつ毛の根元に1秒押しあて、そのまま毛先にスッと抜くと根元にマスカラ液がしっかりつきアイライン効果も生まれます(❷)。下まつ毛はマスカラを縦にして上から下に液をなじませます(❸)。マスカラはお湯で落ちるタイプのものが、汗や皮脂に強くオススメです。

目と目の間隔によって、アイラインの入れ方を変える

アイメイクをする際に、自分の顔の特徴を知っておくと、メイクがより効果的になります。そのときにチェックしてほしいのが、ご自身の目と目の間隔です。**目安となるのは、目と目の間隔が、片目の横幅よりも広めか狭めか。**

広めの方は、アイラインを目頭まできっちり入れてみてください。また、下まぶたも目尻から黒目の外側までまつ毛の間を埋めるようにアイラインを入れると、視線が内側にぐっと寄りキリッと見えるはずです。反対に狭めの方は、目頭側にはアイラインを入れずに2ミリほどあけましょう。この法則は、アイラインに限らず、アイシャドウやベースメイクのときなどにも使えるテクニックです。ぜひ活用してくださいね。

まぶたをリフトアップさせる、つけまつ毛の効果

実は大人の女性にこそつけまつ毛がとっても効果的なのです！　というのも、つけまつ毛は黒い軸と細かな毛からなるもの。この軸がアイラインの役割も兼ねてくれるので、**つけるだけでマスカラとアイライナーの役目を果たす一石二鳥アイテム**なのです。しかも、カーブや長さによって印象を変えられるので、洋服を選ぶようにまつ毛で印象チェンジも可能です。つけるときのコツは、軸の真ん中を持って視線を下げること。軸に専用ノリをつけたら、まつ毛の上からかぶせるように真ん中、目尻、目頭の順に軽くおさえてまぶたのキワに装着し、まつ毛とつけまつ毛をコームやスクリューブラシでなじませます。失敗したらすぐに外せるのも、つけまつ毛のメリットです。ぜひ挑戦してみてくださいね。

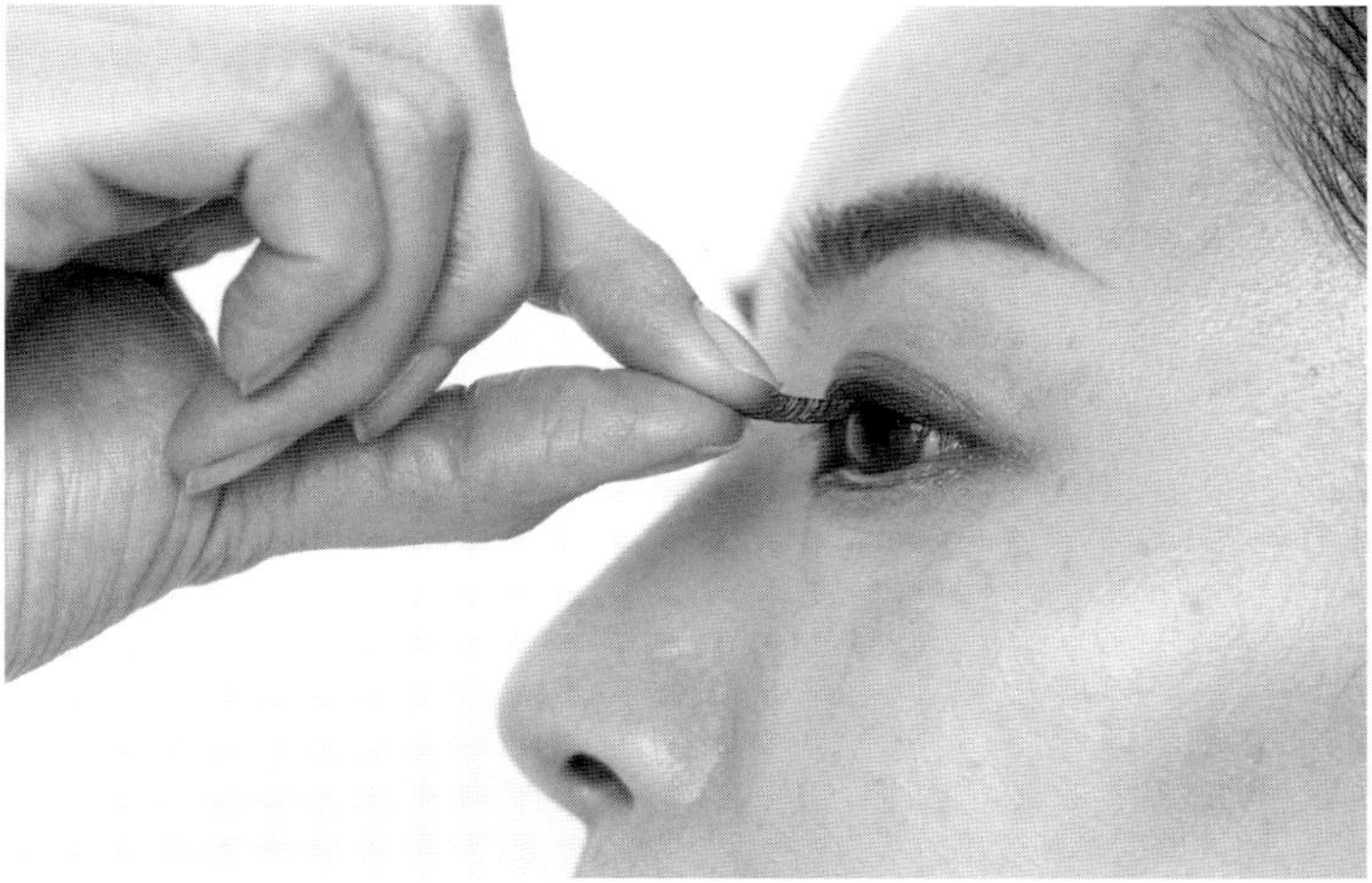

全体にボリュームがあるので、まつ毛が短い人に。ディーアップアイラッシュ シークレットラインAIR 930 ガーリーeyes 2ペア・接着剤別売り 1,200円＋税／ディー・アップ

中央にボリュームがあるため、縦長の目元作りに最適。ディーアップアイラッシュ シークレットラインAIR 936 キュートeyes　2ペア・接着剤別売り 1,200円＋税／ディー・アップ

「ぼかしライン」で失われた下まつ毛は再生できる

年齢を重ねると、重力に引っぱられて顔全体が面長になりやすくなります。そんなとき**下まつ毛は、目の下からあごまでの距離を短くしてくれる大切な存在です**。実は大人のメイクにこそ、下まつ毛がその威力を最大限に発揮するのです。

けれども、多くの方の下まつ毛はもともと毛がまばらで上まつ毛よりも細いもの。アイラインを使って、下まつ毛があるかのように見せていきましょう。

使うのはペンシルアイライナー。下まつ毛の根元にペン先を寝かせてうっすらと線を引き、上から同系色のアイシャドウをなじませてぼかすだけ。目頭はもともと下まつ毛そのものの毛量が少ないため、目頭部分には手を加えず、目尻を中心に描きます。これで**下まつ毛が増えたように見せることができます**。もちろ

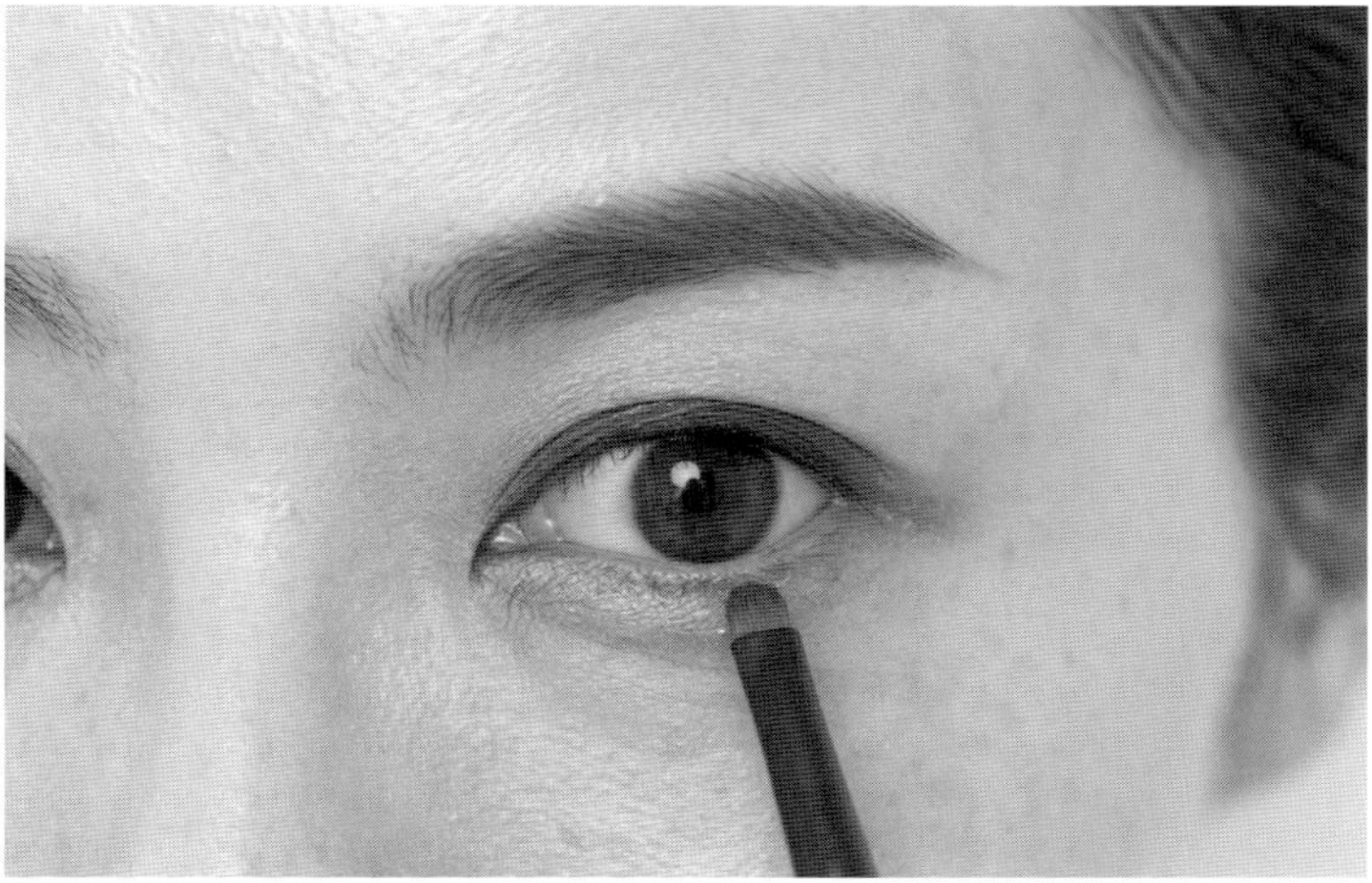

ん、今ある下まつ毛にマスカラを塗ることも忘れずに！　下まつ毛にマスカラを塗るときには、ブラシを縦にして左右にスライドするようになじませれば、マスカラ液が毛の全面につきボリュームアップすることができます。ただし、ダマにもなりやすいので、マスカラが乾く前にスクリューブラシやコームでまつ毛を軽くとかしてください。フェイク下まつ毛で、小顔メイクが簡単にかないます。

大人の囲み目は、「パールベージュの光」で

目を大きく見せようとしてついしてしまいがちなのが、黒や茶色による「囲み目」メイクですが、実は余計に目を小さく見せてしまうのです。そのうえキツイ印象にも見えてしまうため、大人にはあまりオススメしません。そのかわり、どんな年代の方にもオススメできるのが「光による囲み目メイク」です。仕込むのは、ベージュ色のアイシャドウ。光を受けるとパールのような輝きを放つものなら最強です。そんなパールベージュのアイシャドウを下まぶたの涙袋に塗ってみてください。下まぶたは目の反射板です。女優さんが舞台などで下からの光を受け肌を美しく見せるように、**下まぶたにパールベージュを仕込むだけで白目がクリアに、目を大きく見せることができます。**

くすみ目を解消するのは「ベージュのアイベース」

「まぶたが茶色くくすみやすく、キレイ色のアイシャドウを塗っても思ったように発色しない」。そんなときの救世主が目元専用のメイク下地「アイベース」。くすんだまぶたに一枚フィルターを仕込むので、その後につける**アイシャドウの発色や色持ちが格段にアップします**。利用しない手はないですよね！　ベージュ色のアイベースがあれば、目元下地としてはもちろん、アイベースをアイシャドウがわりに使うこともできます。また、下まぶたの涙袋に小指の先でなじませれば、瞳をつややかに演出してくれる効果も。上まぶたに使うときには、アイシャドウと同じように指にとり、黒目の上にトントンとのせ、そのまま目尻、目頭にもトントンするだけ。簡単・時短で目元の明るさを引き立ててくれますよ。

下がった目元には、「3ミリのリキッドライン」が効く

目尻が下がってきたり、なんとなく目元がぼんやり見えたり、まぶたが重くかぶさってきたり……。尽きない目元の悩みを、一気に5歳若返らせてくれるテクニックが「目尻に3ミリのばしたアイライン」です。

P130でご紹介した「点々アイライン」を引いたあと、**目尻の少し手前から力を抜くようにして、真横に線をのばしてください**。イメージとしては、目尻にまつ毛を1本足すような感覚です。真横にスッと筆先を抜くようにして2〜3ミリ線がのびれば十分です。目の端のラインが決まるので、緩んでしまった目元がハッキリします。まつ毛のないところにまつ毛のように描くのがポイントですから、線は繊細なほうが自然。リキッドのブラウンアイライナーが最適です。

お疲れ顔を払拭するのは、仕上げの「目尻コンシーラー」

年齢とともに目尻が下がると、同時に目尻の下に影が出て目元全体が黒ずんで見えてきてしまいがち。この目尻の影は、疲れて見えたり、老けて見せたりしてしまう原因になるので、アイメイクの仕上げの段階でコンシーラーで消して、明るく補整しましょう。**オレンジ色のコンシーラーを指にとり、トントンと2〜3回おく**ようにして目尻になじませたら、スポンジにフェイスパウダーをとり、上からキュッとスタンプを押すようにしておさえます。これで一日明るい目元の完成です。目尻の影が消えると、フレッシュな印象がきわだつだけでなく、目元がキュッと上がって見える効果もあります。朝のアイメイクの仕上げにこのテクニックを取り入れると、その日一日、ハツラツとした印象をキープできますよ。

寝る前のまつ毛ケアで未来の目力をキープしよう

まつ毛の育毛は、するとしないとでは、ハリや密度が格段に変わってきます。ドラッグストアに行けば、1000円台で買えるものもありますので、ぜひ取り入れてみてください。まつ毛は髪の毛と同じように毛周期がありますが、年齢とともにサイクルが乱れ、未熟な毛しか育たなかったりすることも。すると、ゴシゴシ目をこすっただけで抜け落ちてしまう……、なんてことになりかねません。まつ毛美容液を塗るときも、マスカラやクレンジングでメイクオフするときにも、**ゴシゴシは極力控え、まつ毛の根元から毛先に向かってお手入れ**してください。まつ毛美容液は使い続けていると、1カ月ほどで効果が自分でもわかるはずです。キレイになるモチベーションもきっと高まりますよ。

REINA'S TIPS 5

体も心も冷やさない。それがキレイな人の秘密です

親しみやすいキレイな人には、ぬくもりを感じます。心と体は密接に関係しているため、体の冷えは気持ちの冷えにつながります。私自身、以前は夏でも手足の先が氷のように冷たく、気持ちもなかなか前向きになれない時期がありました。撮影スタジオは大抵コンクリートづくりのため年中足先が冷たくなるので、普段から体を冷やさないように、レッグウォーマーや腹巻きは欠かせません。また、一日の終わりには、お風呂に塩を入れて体を温めたり、電子レンジでチンする玄米カイロで首やひざを温めたりと、その日の冷えはその日のうちにリセットするように心がけています。

特に冷えやすい方は、体を温める作用のあるものを積極的に食べることも大切です。根菜類など土の下で育つものや、北国でとれるもの、しょうがなどを意識し、野菜の中でも体を冷やす葉ものや甘いもの、南国のフルーツはひかえめに。

また、イライラ、クヨクヨすることも、心が冷えて血液の循環も悪くなり、キレイから遠ざかります。そんなときは体を温めることもひとつの手です。

PART

06

リップメイク

幸せ顔のカギは
唇のふっくら感

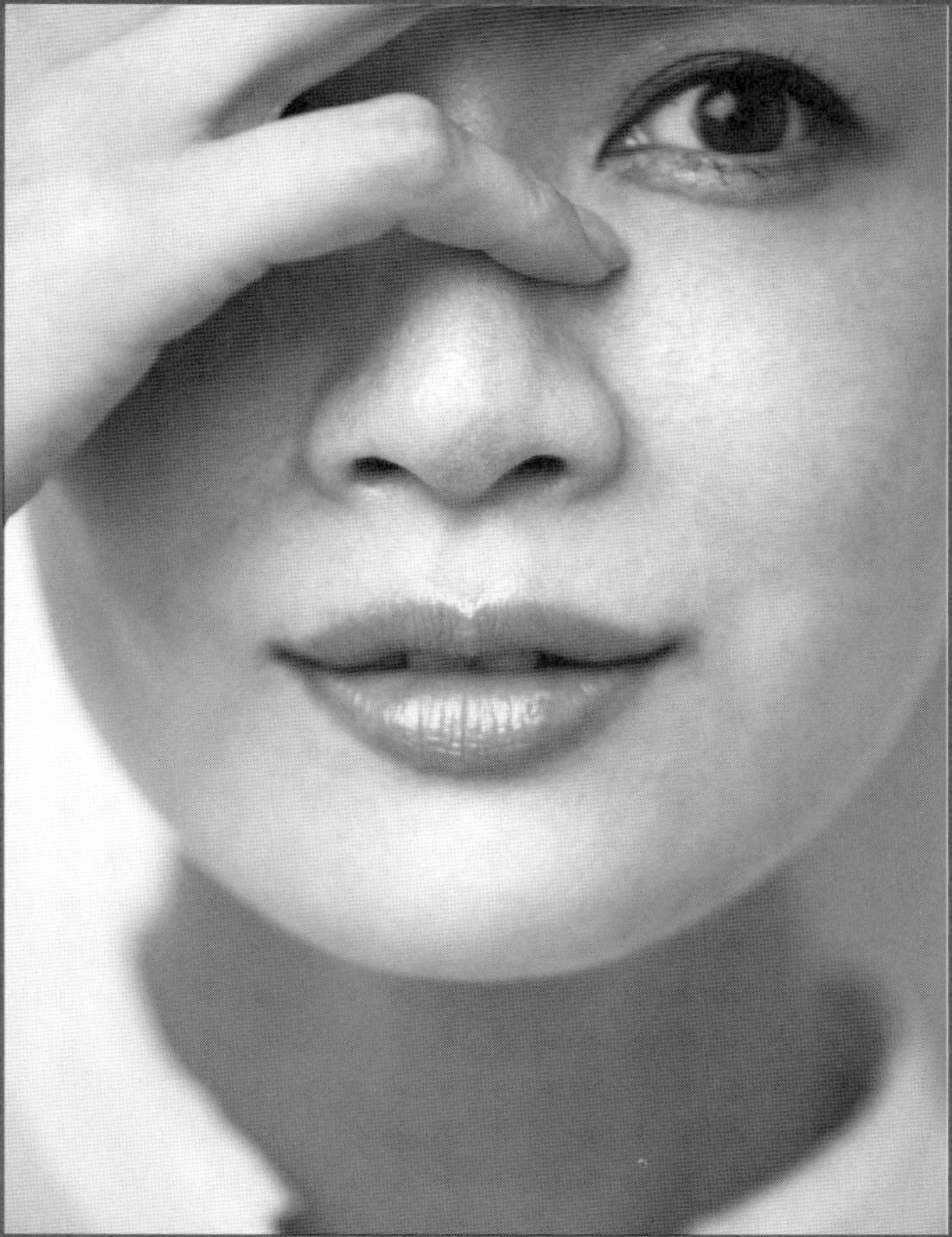

「ふっくら唇」が仕草や言葉も美しく引き立てる

「やさしそう」「明るそう」「毎日楽しそう」——角がなくふっくらとした唇は、そんなふうに見せてくれます。そう、唇は幸せそうな表情に見せるためのパーツなのです。しかもリップメイクは「口紅を塗るだけ!」と、とても簡単にできるパーツ。メイクしないこと自体もったいないパーツだと言えるのではないでしょうか。理想は、本来の唇を生かしつつ、無理のないリップメイク。めざしたいのは、ふっくらと形のいいハートのように見える唇です。

しかし、年齢を重ねると唇そのものが痩せて薄くなり、乾燥などにより唇の色はくすんできます。そのうえ、重力と表情グセで口角は下がりやすくなることも。唇は顔のなかでも自らうるおうという機能がないため、**ケアとメイクを並行**

して行うことが大人になるほど大切です。

まずはリップケア。朝晩のスキンケアのついでにリップクリームやリップ美容液を塗る習慣をつけましょう。特に寝る前は、たっぷりとオーバーめに塗るのがオススメです。すると、朝にはやわらかな唇になっているはずです。しっかりケアができていれば、それだけでふっくらとした唇に整います。

次に、メイクでめざすのは、無理のない血色感のある唇です。まずは1本、「コーラルピンク」の口紅を用意しましょう。**コーラルピンクは、年代を問わずに日本人の黄みがかった肌を、自然に明るく健康的に見せる万能カラー**です。ツヤのあるタイプの口紅を選び、唇の中央から左右になじませます。

ふっくらと整った唇は、それだけで話す言葉が素敵に感じられたり、手元の仕草までも美しく、品のよさを引き立ててくれる、女性の武器になるパーツです。ぜひ、丁寧にケアしてみてください。

コンシーラーで口角のくすみを消し
ハート形の唇をめざそう

リップは女性らしさや、豊かさ、やわらかさを象徴するパーツです。そんな唇の長所を引き立てるための「仕込みワザ」があります。それが、コンシーラーで口角の影を消すこと。

誰しも、長く生きるほどに重力によるたるみの影響を受けます。特に口元は、顔のなかでいちばん下にあるパーツですから、**額、目元、頬などのたるみの影響が一点に集中してきます。**「私は大丈夫」なんて思っていても、10年前と比べてみれば、明らかに口角は下がり、影ができてしまっているものです。そんな影を消してくれるのが、コンシーラーです。口元は、目元と同じように顔のなかでも動きの多いパーツのため、やわらかめのコンシーラーが最適です。色は、肌色か

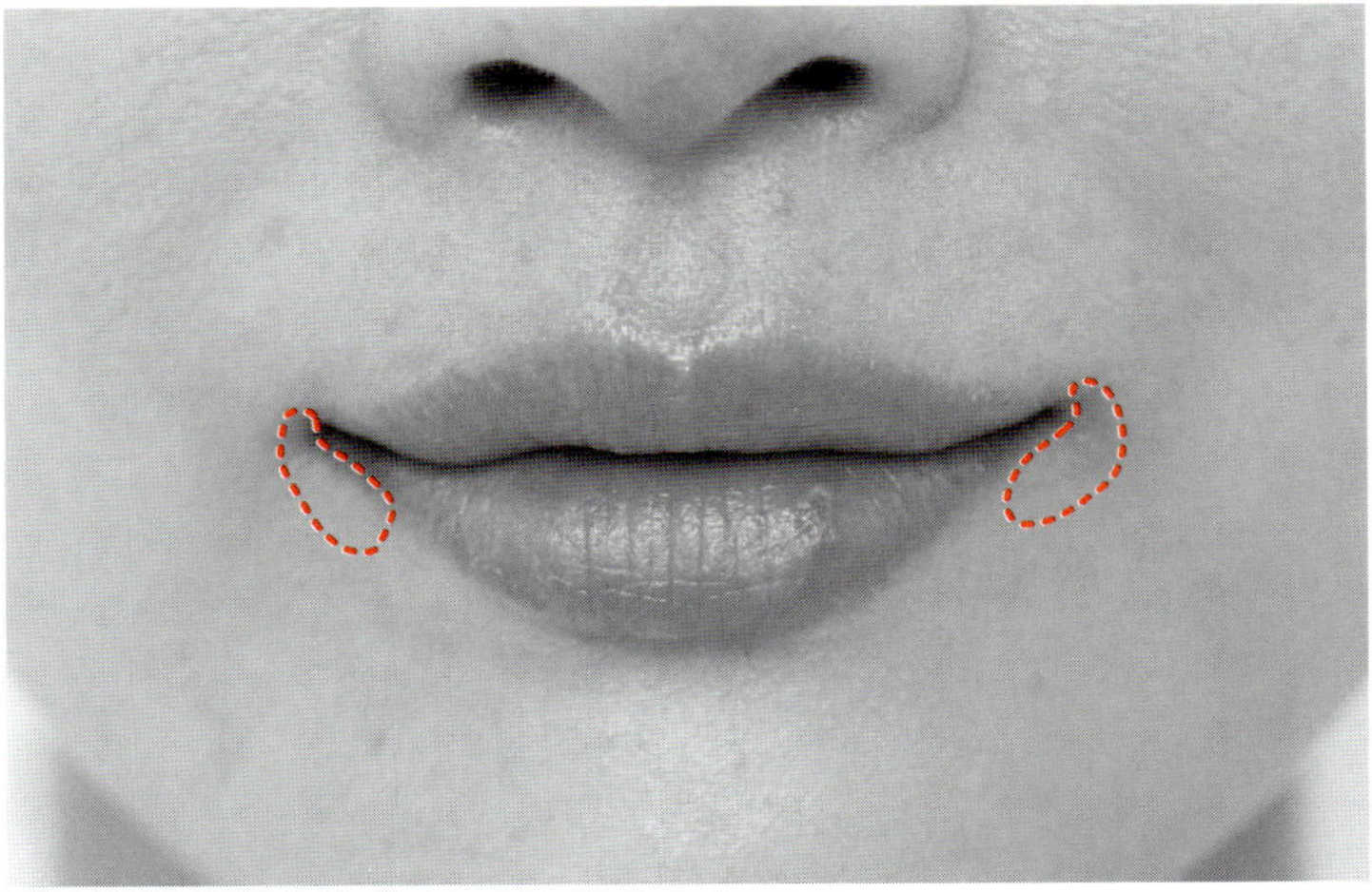

ら浮かないように、手の甲で黄色とオレンジをブレンドしてください。もしなければ、お手持ちのファンデーションでも大丈夫です。ブラシやチップで、口角の端の影を消すようになじませます。内側から舌で口角部分を押し出すようにすると塗りやすいですよ。なじませたあとは、何もついていない指の腹で軽く触り、まわりの肌と一体化させるだけ。このひと手間で口元がワントーン明るい印象に整い、笑わなくても自然にほほ笑んだような表情に見せることができますよ。

リップライナーで痩せた唇をボリュームアップ

「気づいたら口紅の色がすっかりなくなっている」「カップやグラスに口紅がつくのが気になるから、リップメイクが楽しめない」……。そんな悩みを解決しつつ、痩せた唇をふくよかに見せてくれるのが、リップライナーです。リップライナーと聞くと、80年代や90年代の輪郭くっきりのメイクを思い出す方もいらっしゃるかもしれません。もちろんラインを引くという役目もあるのですが、取り入れたいのは、**自分の唇に合った色を選んで、唇の輪郭だけでなく、中まで塗りつぶすことで、色持ちのいい「自然なハート形リップ」に見せる方法**です。

理想の唇は、上下のボリュームが1対1であること。特に年齢を重ねるとボリュームがなくなってくる口角から上唇の山にかけてのラインを1～2ミリ補整

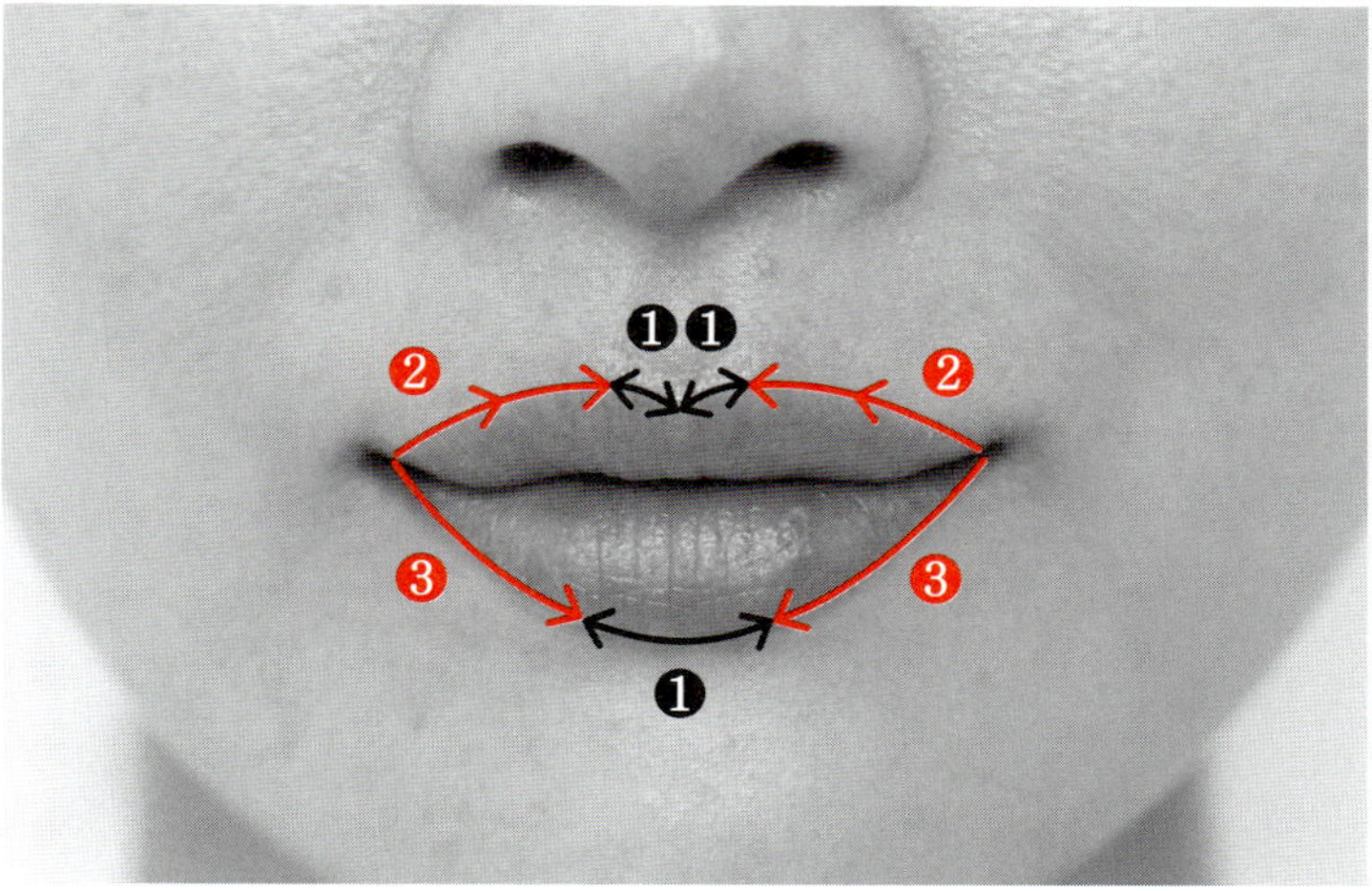

します。下唇はオーバーぎみにすると口角が下がって見えるため、口角部分は輪郭の内側にペン先を入れ、徐々に輪郭の上をなぞるようにして中央までつなげます。あとはリップライナーで全体を塗りつぶし、指でトントンして色をなじませます。**リップライナーで色を仕込んでおけば、上から塗る口紅がとれても自然な血色感が残ります。**もちろんここまで整えたら、口紅を重ねず、グロスでツヤを出すだけでもOK。十分に魅力的な唇に整っているはずです。

誰でもキレイに見えるコーラルピンクの「舞妓塗り」

多くの方が迷ってしまうのが、口紅の色選びだと思いますが、どんな方にでも似合うのが、「コーラルピンク」です。**黄色みがかったピンク色は、日本人の肌に自然になじみ、年齢にかかわらず表情を明るく引き立ててくれます。**色名として「コーラルピンク」と書いてあればベストですが、ブランドによってはOR（オレンジ）やBE（ベージュ）、PK（ピンク）という色の範囲の中で似たような色をラインナップしている場合もあります。迷った場合には、青みではなく黄色みを帯びたピンク色を選んでみてください。ただし、マットすぎるものは乾燥してしまうので、大人の唇にはNGです。自然なツヤ感のあるものを選びましょう。

口紅は、薄い層を重ねたほうが色の持ちがよくなります。まずは、直塗りで上

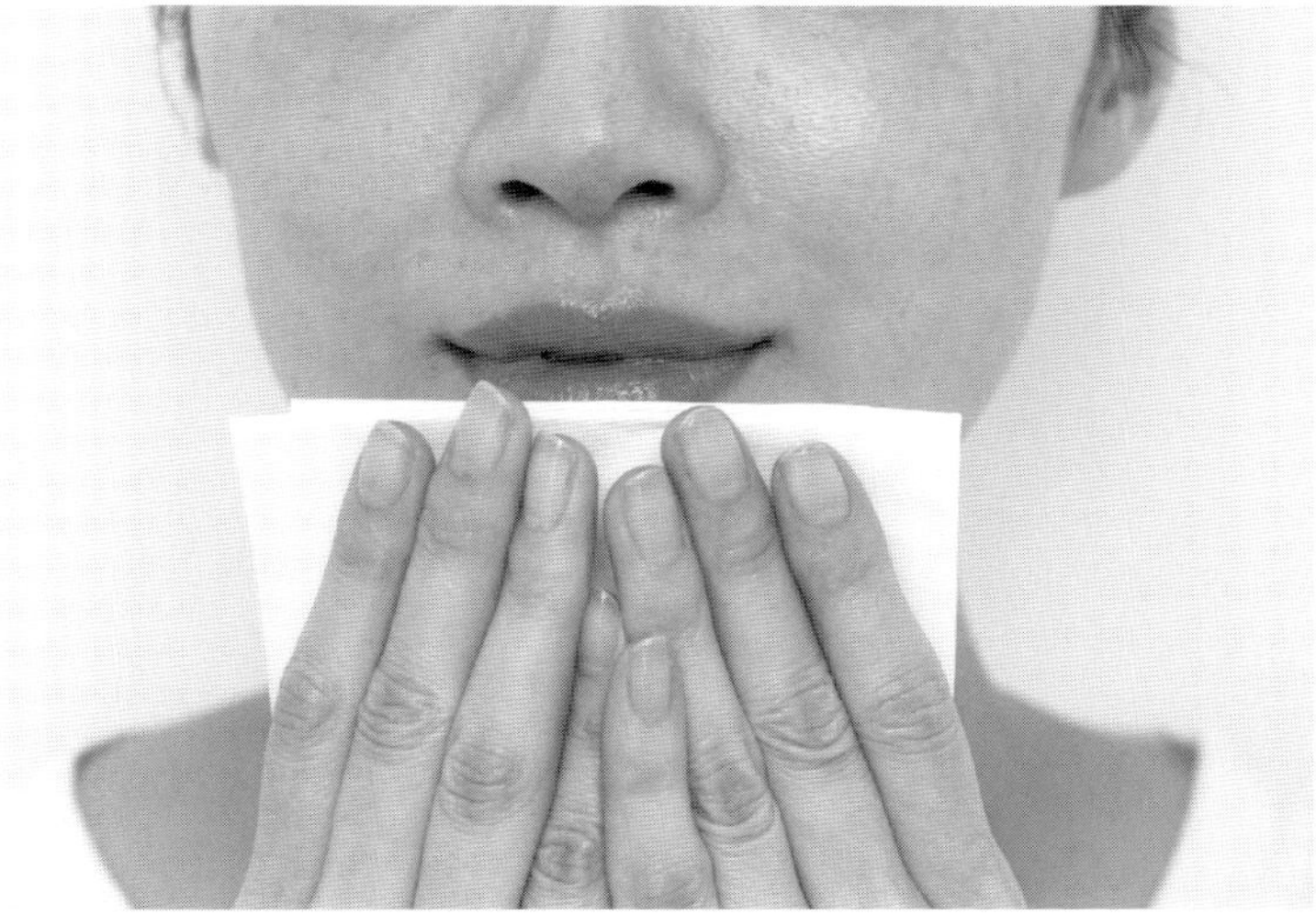

下の中央に舞妓さんのように色を塗ります。次に口角から中央に向かって色を塗りましょう。全体に色がのったら上唇と下唇を重ねてパッとします。「ん〜〜、パッ！」とするくらいで十分です。そのあと、指で輪郭をトントンすると、事前に仕込んだリップライナーと自然になじみキレイに仕上がります。

その後、ティッシュで余分な油分をオフし、上からブラシを使って色を重ねるとより鮮やかな唇に仕上がります。

「パウダーチーク」と「ハイライト」でフレッシュな小顔が完成

リップメイクが完成したら、「パウダーチーク」と「ハイライト」で仕上げましょう。このステップで、フレッシュな印象と、立体感が一層引き立つのです。

パウダーチークは、肌なじみのいいコーラルピンクがベストです。ブラシにとり、P88で入れたクリームチークの上にさっとヴェールをかけるように色をのせます。さらに、ブラシに残ったチークを額、上まぶた、あご、フェイスラインにも。このひと手間で、**全体に血色感がふんわりと宿り、どんなメイクもひとつにまとめることができます。**さらに、リキッドタイプのハイライトを鼻すじと目尻脇、唇下にピンポイントでなじませます。目まわりに光を集めるので白目がクリアに見え、平坦になりがちな骨格にメリハリを出し、小顔効果もアップします。

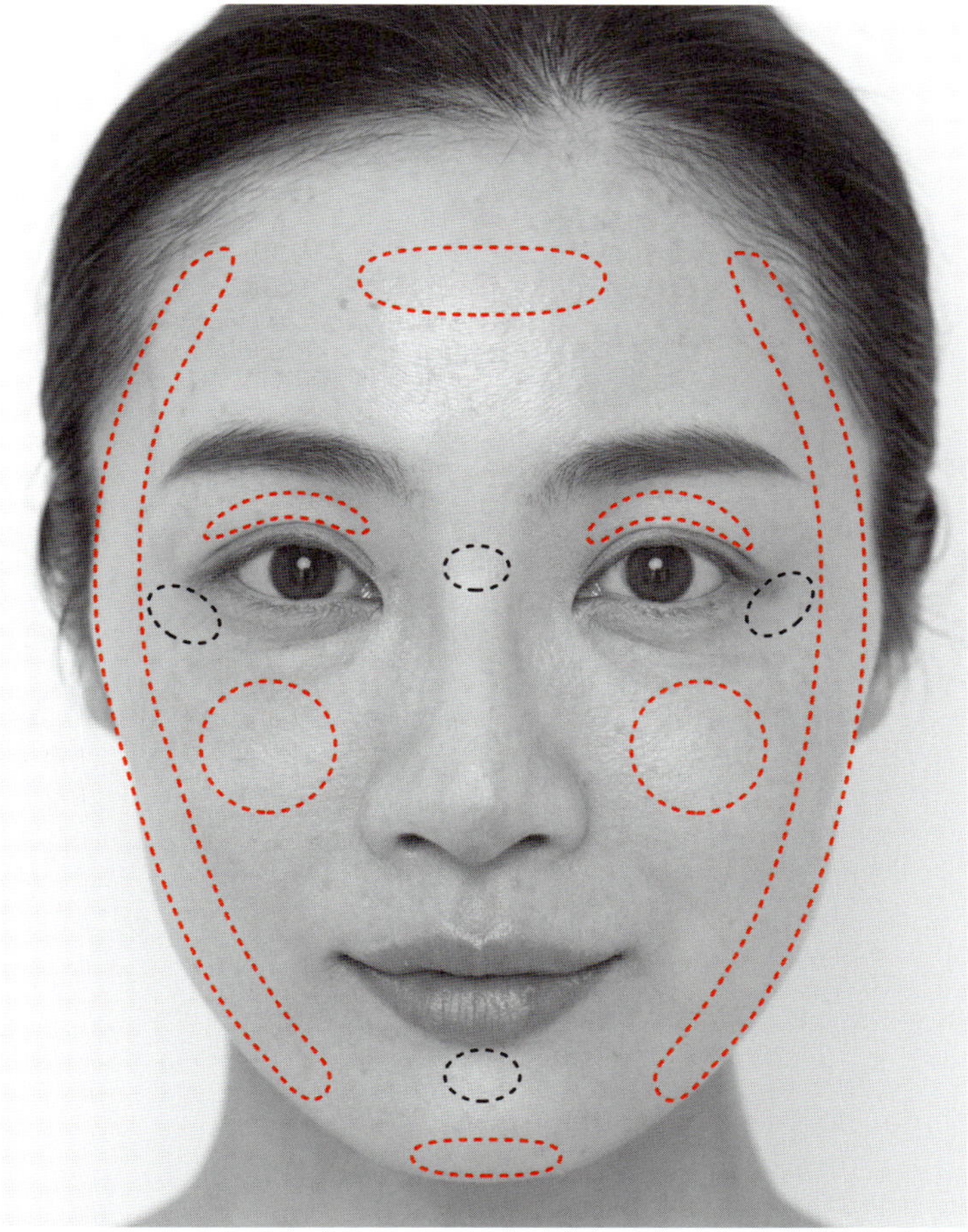

パウダーチークは両頬、額、まぶた、あご、フェイスラインと、広い範囲にうっすらと。
ハイライトは、目尻脇、目と目の間の鼻すじ、唇下と、ピンスポットを当てるように範囲を狭めて。

理想の唇をかなえる「オイル」と「ティント」2大トレンドリップ

ここ数年、メイクのトレンドはリップです。そのため、新たなアイテムも続々と登場していて、リップメイクの進化はとどまるところを知りません。そんな数多くあるアイテムの中で、大人のメイクをブラッシュアップしてくれるのが、「オイルリップ」と「ティントリップ」です。

オイルリップは、リップグロスよりもなめらかなツヤが特徴です。うっすらと色づくものが多いので、唇に自然な色とツヤをプラスするのにぴったりです。グロスよりもベタつかないので、口紅で色をのせたあと、唇の中央部分や乾燥が気になる部分に重ね塗りしたり、休日のメイクに取り入れてみてください。乾いた唇は、それだけで悲しげな雰囲気になってしまいます。お休みの日もリップのう

ベタつきが苦手な方にも。ヴィセ アヴァン オイルイン リップティント 003 1,300円＋税（編集部調べ）／コーセー

オイルリップとティントリップのいいとこどりをした1本。オペラ リップティント 03 1,500円＋税／イミュ

るおいはキープし続けたいものです。

ティントリップは、唇を軽く染め上げる効果のあるリップのことをさします。普通の口紅よりも色素が唇に長くとどまるため、**口紅の下地代わりに使うと、一日中顔色がよく見えます。**もちろん、ティントリップのみでもＯＫですが、なかにはマットな質感のものもあるため、ツヤが足りないように感じたら、上からリップ美容液などをなじませるのもオススメです。唇の色がくすみがちな大人こそ、取り入れてほしいアイテムです。

小さめ唇さんはツヤ、大きめ唇さんはソフトマット

同じコーラルピンクの口紅でも、質感によって印象が変わります。リップは自分の唇の大きさに合わせて質感を選べば、よりこなれたメイクが楽しめます。**唇が小さい方は、ツヤのあるタイプを選ぶとふっくら見せることができます**。グロスなどもいいですね。また、小ぶりな唇は色が主張しすぎることがないため、明るめの色もよく似合います。一方、**唇が大きい方は、リップがチャームポイントです。唇そのものに存在感があるため、ソフトマットな質感やベージュ寄りのカラーも品よく決まります**。ただし主張が強すぎるとトゥーマッチになってしまうので、ツヤっぽい口紅や濃い色は軽くティッシュオフしたり、指でなじませるように塗ると、一気におしゃれ度が増すはずです。

REINA'S TIPS 6

眠る前の環境作りが 翌朝のキレイにつながります

肌は寝ている間に修復されるため、美容は睡眠とは切り離せません。長時間だらだらと寝るよりも、短時間でも質のいい睡眠をいかにとるかが大切です。夜は必ず湯船に入って、体を温めます。そして、入浴後は蛍光灯ではなく白熱灯の明かりに変えて、スマホやパソコンは機内モードにして、メールなどもできるだけ控えるようにしています。また、寝ている間にデトックスできるよう、シルクのパジャマを着るようにしています。シルクには体の毒を排出する効果があるといわれていて、肌触りもいいので心地よく眠りにつけます。眠る前にいろいろ考えないことも大切です。直前までイヤなことや仕事のことなどを考えていると、朝起きたときにかえって疲れていたりするものです。これからやりたいこと、行ってみたい場所など楽しいことをイメージして眠りにつくと、気持ちよく目覚められます。エネルギーが充填されて、イキイキとした状態です。肌もベースアップされているから、メイクだってキレイに上手に仕上がります。

PART

07

ヘアケア

髪の毛が「キレイな人」の
印象を作る

ツルツルのうるおい髪には、大人の心の余裕が表れる

完璧なメイクだから、髪もお手入れされたらもっと素敵なのにな……、電車などに乗っていると、よく思ったりします。

髪が美しいと、それだけで日々豊かに、丁寧に暮らしているという印象を与えます。特に髪の表面には、その方の気持ちが表れるようにも思います。私自身、忙しくてバタバタしていると、なんだか髪の毛もパサついてきて、鏡をふと見て自分にハッとさせられることがよくあります。それくらい、女性にとって髪の美しさは、全身にほとばしるキレイのオーラみたいなものに関わってくるのだと思います。後ろ姿で若く見られて男性に声をかけられた……なんてこともあるくらいに、髪の毛は、人からの印象を大きく左右するパーツなのです。

特に、毛には生命力を感じさせる力があります。ツヤやかでうるおいに満ちた毛は、イキイキとした魅力作りに欠かせません。**大人の髪に必要なのは、豊かに見せるためのボリューム感と、うるおい感を表すツヤです。髪の長さや色はあまり関係ないのです。**

ボリューム感は、髪の土台となる地肌のケアと髪の根元をつぶさないスタイリングで手に入ります。そのためには正しいシャンプーの仕方と、根元をふんわりさせるドライヤー使い、頭皮を適度に刺激するブラッシングがカギになります。ツヤには、トリートメントなどのうるおい補給とブラッシングが大切です。

シャンプーもトリートメントもドライヤーも、普段からみなさんが毎日行っているお手入れです。せっかくのキレイになるチャンスを、なんとなく作業のようにしてしまってはもったいない！　同じ時間を使って、ぜひキレイに近づく方法を実践してみてください。**特にヘアケアは、今まで向き合ってこなかった方ほど、変化がすぐに感じられます。**きっと、お手入れへのやる気も高まるはずです。

後頭部のボリューム感が華やかさの決め手になる

毛は若さや生命力、元気さの象徴です。けれども年齢とともに量が減るばかりでなく、少しずつ毛そのものも細く弱々しくなってくるものです。髪のボリュームは、全体の華やかさに大きく関わります。

特に、**後頭部のふんわり感は、豊かな印象を左右します。**しかし日本人は、欧米人と比べて骨格的に後頭部にボリュームがありません。ですから、ヘアカットの仕方やスタイリングによって後頭部をふんわりさせてあげることが、毛量そのものが減ってきた大人には欠かせません。また、**後頭部にボリュームがあると、全身のスタイルも美しく見せることができます。**顔まわりのボリューム感も、華やかな印象作りには欠かせません。特に額の後退は、毎日鏡で見ていると気づかないものですが、突然「あれ!?」という日がやってくるもの。以前、自分が被写体として撮影されたときのことです。撮影画像をモニターで見たときに「あれ？なんだか思っている以上に額が広くなっている！」と、あわてて生えぎわをアイブロウパウダーで埋めた経験があります。額まわりは、白髪の増加でそう見える場合もありますし、いつもアップスタイルにしていたり、同じところで分け目を作っているのも原因のひとつです。ヘアマスカラなどで応急ケアをすることも可能ですが、前髪をフェイスラインに沿うように流す、おしゃれなウィッグを使ってみるなど、ヘアスタイルでカモフラージュすることも可能です。

髪は本来のクセや毛質もありますが、シャンプーをボリュームアップタイプのものに変えたりするのも効果的です。髪は顔の額縁とも言われる大切なパーツ。メイクは、顔だけを考えるのではなく、ヘアスタイルも含めて考えてみてください。その意識が、より一層素敵なあなたへと導いてくれるはずです。

正しいシャンプーで、髪のボリュームアップ！　顔のリフトアップ！

私自身、40代に突入して「なんだか今までと顔が違う」――そんなことを感じるようになりました。そこで、それまで意識を向けていなかった頭皮をほぐすようにしたところ、顔の印象が変わりはじめたのです。よく考えれば頭皮と顔はつながっているから当然です。以来、メイク前にモデルさんたちにも頭皮マッサージをするようにしてみたら、目の開きや肌の透明感が格段にアップし、メイクだけでは難しかったイキイキとした表情を引き出せるようになりました。

頭皮は、健康な髪を育てるためのいわば畑です。カチカチの畑では当然、健康な髪は育ちません。頭皮ケアの基本はシャンプーです。シャンプー＝髪を洗うものと思いがちですが、実はシャンプーという言葉は、サンスクリット語で「マッサージ」という意味。**シャンプーは頭皮をマッサージするつもりで行いましょう。**

手を熊手のようにして頭皮をつかみ、指の腹で前から後ろに向かってジグザグを描くように洗ってあげましょう。頭皮をしっかり指の腹でとらえると、シャンプーの泡立ちもよくなります。**頭皮のコリがとれてくると、額のシワの改善や顔のリフトアップ効果も期待できます。**また、毛穴の奥の皮脂や汚れもキレイに浮き上がり、立ち上がりのいい髪に整います。毛髪表面の汚れは、シャンプーの泡を手ぐしでなじませれば、十分キレイに落とせます。

また、ボリュームダウンの原因として意外と多いのが、シャンプーやトリートメントのすすぎ残しです。すすぎ残しはベタつきの原因にもなりますし、頭皮の炎症を招きます。せっかく正しいシャンプーを意識しても、すすぎ残しがあっては台無しです。髪の長さや量にもよりますが目安としては2〜3分、ヌルつきがなくなるまでしっかり洗い流すことが大切です。

美容は日々の積み重ねですから、毎日のシャンプーを見直すことは、美顔器やたまに行くエステよりも断然効果的ですし、はじめた方から差がつくはずです。

ドライヤー前のヘアオイルで、毛先がうるおうツヤツヤヘアに

「清楚な感じになった」「清潔感のある人に見える」「女性らしくてキレイ」――これらの言葉は、レッスンの最後に、ちょっとだけヘアを整えたときにみなさんからあがる声です。

メイクをどんなに素敵に仕上げても、最後にひと手間、髪にうるおいをプラスするだけで、見た目の印象はこんなにも変わるのです。

髪の毛は、肌とは違い、自分でうるおいを生み出すことができません。ですから、シャンプーのあとには、毛先にうるおいを補うひと手間が欠かせません。そこでオススメしたいのが、ヘアオイルです。シャンプー後、半乾きの毛先に1～2滴オイルをなじませます。オイルと聞くとベタつきを気にする方もいらっしゃ

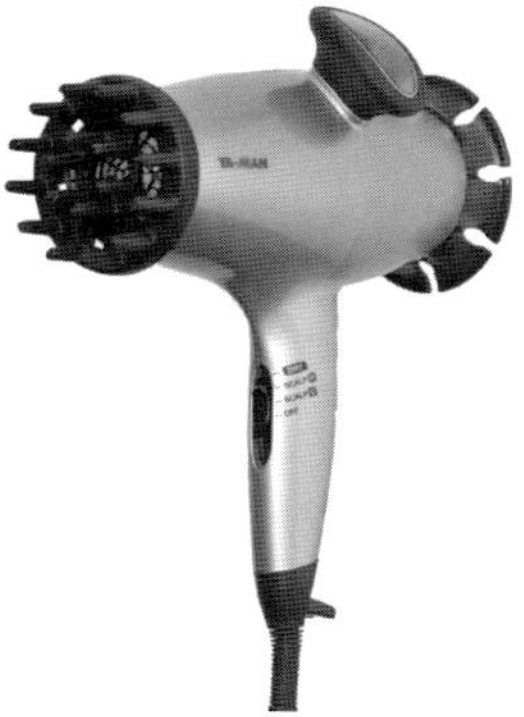

アタッチメントをつけかえれば振動と遠赤外線で頭皮ケアもできるドライヤー。スカルプドライヤー ロゼ 20,000円＋税／ヤーマン

サラッとした使い心地でベタつかないため、朝でも夜でも使える。ファルサラ ヘアエステオイル 45ml 2,800円＋税／CPコスメティクス

るかもしれませんが、それは乾いた状態で塗ってしまうため。ぬれている状態でつけると、オイルは水分に反応してすぐに浸透します。大切なのは、**毛先にのみ少量、ぬれた状態でつけること**。間違っても、上から髪をなでつけるようにつけるのはNGです！　表面がつぶれてしまい、ボリュームダウンの原因になります。オイルを手のひらに広げたら、内側から手ぐしを入れるようにして毛先から。その後、ドライヤーでいつも通りに乾かせば、毛先がするんとした髪に仕上がります。

ぺちゃんとしてきた髪は、ドライヤー使いで立て直せる

ボリュームダウンした髪をふんわりと見せるためには、ドライヤーテクニックが大切です。覚えていただきたいコツは、**「髪を上から押さえつけないこと」**。ほとんどの方が朝のスタイリング時、髪を上から下へ引っぱりながらドライヤーでブローをしているのではないでしょうか。それがぺちゃんこヘアの原因です。上からなでつけるとツヤは出ますが、ボリュームダウンを引き起こします。押さえつけるのではなく、毛束を持ち上げて、下から風をあてたり、手で髪の毛を振りながら根元に空気を送り込みます。ぺちゃんとした分け目は、一度分け目に対して髪を逆に立ち上げ、根元に弱風を送ったあと元の毛流れに整えると、立ち上がりがよく仕上がります。あとは全体を手ぐしで整えましょう。このときも

NG

OK

上から髪を押さえつけるのではなく、手ぐしでやさしく空気を含ませるようにすると、自然なツヤが出るうえ、ふんわりとした髪に整います。

また、**お風呂上がりのドライヤーは、髪を乾かすよりも、頭皮を乾かすイメージで行います。**風をあてながら、内側の髪をかき上げ、水分を飛ばすように髪を振り動かしたり、頭を下げて、後ろからドライヤーをあててみてください。頭皮が乾くと自然とその熱で毛先も乾いていくので、時短にもなります。

朝の頭皮マッサージで顔色アップ、目元パッチリ

プロのヘアメイクは、顔のマッサージに加えて、メイク前に頭皮のマッサージを行います。それだけで、くすみが晴れて顔色がよくなったり、目元がパッチリしたりと、**メイクだけではカバーしきれない表情そのもののイキイキ感を引き出せる**のです。もちろん、ヘアケアにも効果的です。

ポイントは呼吸に合わせて行うこと。特に意識したいのは、頭の中央とこめかみからのサイドのラインです。両手を熊手に見立てて、指の腹を使って前から後ろにマッサージします。頭は力をかけにくいので、テーブルにひじをついて前かがみになるような形で、頭を手に預けてみましょう。後頭部までできたら今度はひじを横に広げて頭を両手で抱えるようにし、首を少しずつ後ろに傾けると、肩が

疲れたりすることなくマッサージできます。頭には無数のツボがあるので、それを刺激するようなイメージで、前から後ろに2〜3回。最後に頭の付け根のへこんだところ（ぼんのくぼ）は、息を吐きながら指でギューッと圧をかけるようにします。寝起きでむくんで見えるまぶたもパッチリとしてくるはずです。**頭のマッサージは、疲れ目などにも効果がある**ので、仕事中などパソコン作業で疲れたときにもぜひ、試してみてください。

パックリ前髪や朝の寝グセは「根元のピンポイントぬらし」で解消

朝の寝グセ、何度やっても直らない！　という方も多いのではないでしょうか。髪のクセは根元から発生しています。ですから毛先がぴょんと跳ねた寝グセも、パックリ前髪も、毛先だけぬらしても直りません。霧吹きやヘアウォーターなどで根元をしっかりぬらしてからドライヤーの温風で整えたら、必ず冷風をあてて形をフィックスさせてください。髪は温めると形を変え、冷めていく過程で形が決まっていくという性質を持っています。すると、髪の表面にあるキューティクルというウロコ状の保護膜がキュッと整うため、つややかでまとまりのいい髪に仕上がります。美しいヘアスタイルの秘訣は、ぬらしたあとに放置しないこと。すぐに温風、冷風の順で乾かせば、おさまりのいいヘアスタイルに整います。

豚毛ブラシで縮れた髪をまとまりやすく

ヘアケアアイテムでお金をかける価値があるのが、ブラシです。手にしたいのがクッション性があり、豚やイノシシなどの毛を使ったブラシです。クッション性があることでとかすだけで頭皮のマッサージにもなりますし、適度な脂分を含んだ毛が、髪の毛にツヤを出してくれます。朝のスタイリングの際に、頭の筋肉に沿うよう、額の生えぎわからえり足に向かって、真ん中・左右のこめかみ・耳後ろをまんべんなくブラッシングするだけ。決して安くはありませんが、確実にボリュームも出て髪が変わりますよ！

私も愛用しているオススメのブラシ。メイソンピアソン ハンディブリッスル 19,000円＋税／オズ・インターナショナル

目元をパッチリ見せる隠しワザ「引っぱりヘア」

朝起きたら目元がぼんやりしているけれど、今日は目元をパッチリ見せたい！
——そんなときのとっておきの秘策が「引っぱりヘア」です。

引っぱるのは、こめかみ部分。生えぎわが飛び出して角《ツノ》になっている部分があると思います。実際に鏡を見ながら髪の毛を引っぱってみてください。目元がキュッと上がるはずです。実はこのポイントは、美容整形のリフトアップ手術の際にポイントとなる場所。**目元とダイレクトにつながっているので、ここの髪を引っぱることで、目元をパッチリ見せることができる**のです。

方法は、こめかみの角の毛を少量とり、ねじりながら引っぱってとめるだけ。地肌に沿わせて引っぱり上げて、ピンでとめます。せっかくの引っぱりヘアが落

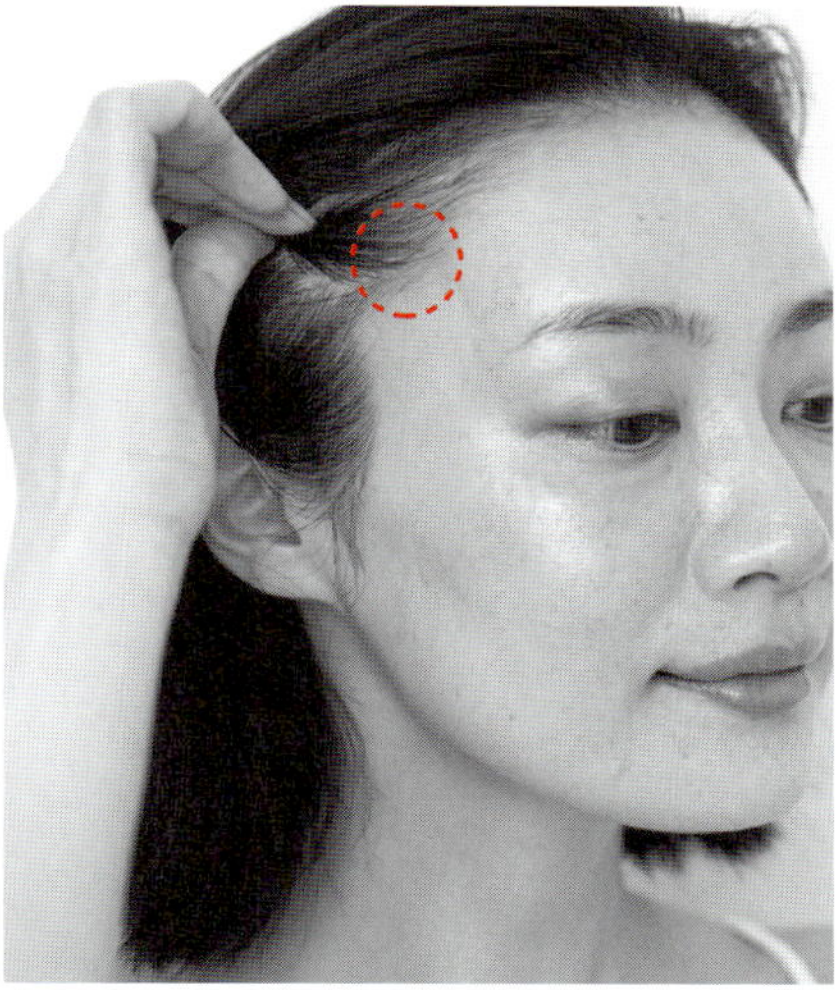

ちてこないよう、毛束はほんの少量、ピンは2本をクロスしてとめるとしっかり固定できます。またパチンとめるタイプのピンもホールド力があるのでオススメです。引っぱり上げた髪と合わせて、全体を低めのハーフアップスタイルにしてもいいですし、上から髪をかぶせるように整えれば、いつも通りのダウンスタイルを楽しめます。後頭部をふんわりさせれば、ナチュラルで華やかなヘアが完成しますよ。

おしゃれなまとめ髪の秘訣は「トップのつまみ出しテクニック」

同じまとめ髪でもおしゃれに見える方と、そうでない方がいます。それは、「トップのふんわり感」の違いに他なりません。まとめた髪にもトップのふんわり感は欠かせないのです。まとめ髪のときには、かためのワックスを手のひらに薄くつけ、全体をひとつにまとめましょう。手ぐしだとラフに仕上がりますし、ブラシを使うなら、髪を内側からかき上げるようにしてくし目を上にするとフレッシュな印象になります。ヘアゴムなどでひとつにまとめたら、**結び目をおさえながら、トップの髪を指先で少量ずつつまんで引き出してください**。また、顔まわりも耳上の髪を同じようにつまんで自然に引き出します。これだけで今っぽいふんわりとしたリラックス感のあるまとめ髪ができますよ。

髪と眉、2つの額縁のバランスで自分らしいメイクに

朝のメイクの最後にヘアスタイルを整えたら、髪も含めてメイク全体をチェックしてみるようにしてください。特に**眉と髪は、ともに顔の額縁としての役割を持つため、適度なバランスを保つことが大切です**。前髪が多かったり、髪全体が黒い方は、眉はあまり太くしすぎず、明るめに仕上げましょう。反対に額がバッチリ見えるようなヘアスタイルの場合には、ちょっぴり眉を太めに仕上げるとよりフレッシュに仕上がります。ヘアスタイルをメイクの一部としてとらえると、しだいに微調整すべきパーツが見えてきます。一歩引いて自分を客観的に見てみる。その積み重ねが、自然であなたらしい素敵な姿へ導いてくれるのです。

REINA'S TIPS 7

笑顔こそ、あなたを輝かせる いちばんのメイクです！

私が身近でいちばんのお手本にしているのが、祖母です。90歳になるのですが、会うたびに元気をもらえます。いつもニコニコしていて、むすっとした顔はほとんど見たことがないというくらいに、笑顔が思い出される女性です。決して美人なわけではありませんが、なんだか可愛くてチャーミング、90歳になった今でも毎日誰かに会う約束をしているほどです。そんな祖母を見ていると、イヤなことがあっても笑って受け流すことの大切さ、身だしなみを整えて、自分なりに心地よく毎日を過ごすことが、年齢を重ねるほどに大切なのだと感じます。

メイクをしていると、つい完璧を求めてしまいがちです。私もずっとそうでした。でも、笑った瞬間だったり、表情がある方のほうがイキイキとしていて断然素敵です。多少ラインがガタついていても、シミが隠れていなくても、それらをチャラにしてしまうほど、笑顔には魅力があります。完璧なメイクは必要はありません。笑顔こそが、いちばんあなたをキレイに見せてくれるメイクです！

特別寄稿

最高の化粧品は愛情……

瀬戸内寂聴

九十五歳にもなって、婦人雑誌の表紙やグラビアにぬけぬけと出ているおばあちゃんは私である。出版した本のPRと称してテレビにも出る。その後、見てくれた人たちから、即電話やメールが届いて、「今日はきれいだったよ」「つけまつ毛うまくついていた」と言ってくる。その度、「メイクさんがとても上手だったのよ」と言う。レイナさんがその上手なメイクさんである。

私は安心してレイナさんに任せきる。技が上手というのは、レイナさんが人並み以上に愛情深い心の人だからである。レイナさんのいる限り百歳までテレビに出よう。

おわりに

最後までお読みいただき、ありがとうございます！
少しでもお役に立てましたでしょうか？

私自身、35歳を過ぎたあたりで突然の変化を感じ、どうしたものかと試行錯誤。お客様のお悩みとも向き合い、日々研究を重ねるなかで、塗るだけではキレイにならないこと、それよりもっと大切なことがあるということに気づくようになりました。

キレイになることは、一日を前向きに過ごす力を与えてくれます。
この本でご紹介していることを、1〜100まで全部しなくても大丈夫。
まずはひとつからでも十分です！

一生懸命やろうとするのではなく、何より大切なのは、楽しむこと。完璧なメイクでしかめっ面よりも、完璧ではなくても笑顔のほうが、ずっと魅力的です。

年を重ねるといいこともたくさんあります。若いときには得られなかった智慧のおかげで、いろいろなことが効率よくできるようになったりもします。

年齢なんて怖くありません。いくつになっても、はじめるのに遅いということはありません。それよりも諦めたら最後。本当に急激に老け込んでしまいます。

急にキレイになったらまわりの方に何か言われるのでは……そんな心配は今すぐ捨ててしまいましょう。それよりも、かけがえのないご自分の人生を大切にしてください。

ずっとオフになってしまっていた、キレイのスイッチを入れてみましょう！

諦めずに、今からはじめれば明日は今日より確実にキレイになっていきます。

これは多くの方々の変化をこれまで目の当たりにしてきている経験から、自信を持ってお伝えできます。

きっと想像もしていなかった素敵なことが起きてきますよ。
もしこの本が、少しでもみなさまの人生がより一層明るく輝くきっかけになれば、うれしい限りです！

最後に、本書を作るにあたり携わってくださったすべてのみなさまに深く感謝申し上げます。いつもお智慧をお貸しくださるお師匠さん、もったいないくらい素敵な文章を書いてくださった寂聴先生、主婦の友社のみなさま、担当の三橋さん、ライターの畑中さん、フォトグラファーの玉置さん、モデルの樹神さん、スタイリストの程野さん、お写真と体験談をご提供くださったお客様、t.cubeのみなさん、デザイナーのtobufuneの小口さん、岩永さん、イラストレーターのホンダシンイチさん、アシスタントをしてくれた石津さん、遠田さん、石黒さん、福田さん、すべてのスタッフのみなさん、そしてこの本を手にしてくださったみなさま、どうもありがとうございました！

メイクアップアーティスト　レイナ

協力店　LIST

RMK Division	0120-988-271
イミュ	0120-371367
MiMC	03-6421-4211
エテュセ	0120-074316
エレガンス コスメティックス	0120-766-995
オズ・インターナショナル	0570-00-2648
カネボウ化粧品	0120-518-520
クリニーク	03-5251-3541
ケサランパサラン	0120-187178
Koh Gen Do 江原道	0120-700-710
コーセー	0120-526-311
コスメデコルテ	0120-763-325
CPコスメティクス	0120-294-970
資生堂	0120-81-4710
SUQQU	0120-988-761
THREE	0120-898-003
ディー・アップ	03-3479-8031
ネイチャーズウェイ	0120-060802
フジコ	0120-304-456
ミキモト コスメティックス	0120-226810
ヤーマン	0120-776-282

衣装協力

カイタックインターナショナル	03-5722-3684

モデル着用衣装

ケーブルニット　29,000円＋税／イリアンローヴ（カイタックインターナショナル）
その他　／スタイリスト私物

メイクアップアーティスト
レイナ
幅広い年齢層の女優やタレント、モデルのみならず、ユーチューバー、一般の女性までメイク人数は8000人以上。作家、美容家、料理研究家など文化人からの指名も多数。美容誌、女性誌の美容企画の監修、CMやWebの撮影に加え、TVやメイクイベントへの出演、化粧品会社の開発のアドバイス等で活動。後進の育成にも力を入れ、プロ向けの教室も行う。
主宰のCrystalline（クリスタリン）では完全予約制にてプライベートメイクレッスンのほか、グループレッスンなども開催。

Staff

装丁・本文デザイン	小口翔平＋岩永香穂（tobufune）
撮影	玉置順子（t.cube）
スタイリング	程野祐子
モデル	樹神
イラストレーション	ホンダシンイチ
DTP	伊大知桂子（主婦の友社）
編集協力	畑中美香
編集担当	三橋祐子（主婦の友社）

いくつになってもキレイになれる

平成30年6月30日　第1刷発行

著　者　レイナ
発行者　矢﨑謙三
発行所　株式会社主婦の友社
〒101-8911　東京都千代田区神田駿河台2-9
電話　03-5280-7537（編集）　03-5280-7551（販売）
印刷所　大日本印刷株式会社

　ISBN 978-4-07-429973-7

■本書の内容に関するお問い合わせ、また、印刷・製本など製造上の不良がございましたら、主婦の友社（電話：03-5280-7537）にご連絡ください。
■主婦の友社が発行する書籍・ムックのご注文は、お近くの書店か主婦の友社コールセンター（電話：0120-916-892）まで。
＊お問い合わせ受付時間　月〜金（祝日を除く）9:30〜17:30
主婦の友社ホームページ　http://www.shufunotomo.co.jp/
＊本書に記載された情報は、本書発売時点のものになります。情報は予告なく変更される場合があります。